相続コンサルティング入門

佐藤良久 Sato Yoshihisa
長野拓矢 Nagano Takuya
久保田俊 Kubota Shun
廣木涼 Hiroki Suzuka
小柳裕基 Koyanagi Hiroki
山田隆之 Yamada Takayuki
杉森真哉 Sugimori Shinya
丸山純平 Maruyama Junpei
筒井知人 Tsutsui Tomohito
監修 小具龍史 Ogu Tatsushi

幻冬舎MC

相続コンサルティング入門

目次

序章　相続をめぐる状況　5

相続をとりまく環境　6
日本の人口は減少し、亡くなる人は増えている　8
相続税は増税の方向　10
「争続」は増えている　12
各専門家の相続における専門領域　15
相続コンサルタントの役割　16

第一章　相続の支援をする上でのプロとしての基本　23

相続のサポートとは　24
相続支援のプロが把握すべき知識とは？　24
不動産資料を読み解くスキル　26
法務局関連資料を読み解くスキル　27
固定資産税資料を読み解くスキル　28

その他の資料を読み解くスキル　29
お客様が求める情報や目的を理解する　30
お客様への想いを大切にする　31
相続業務における部分最適と全体最適　32

第二章　相続のプロが行う相続支援の具体的ポイント　35

ライフステージで相続支援を切り分ける　36
ライフステージ分析のまとめ　43
財産別の対策方法　45
各世代におけるライフプラン上の論点整理　77

第三章　私たちが目指したい相続コンサルティングとは？　89

歴史的背景や世代間の思想の違いを考慮する　90
相続コンサルティングの具体的手法　93
お客様の願いや目的、悩みや不安の明確化（安心感・信頼感の醸成）　96
現状の把握（家族関係・財産・収支状況・財産評価と相続税額）　98
将来の予測（財産・収支予測、将来予測される出来事と金額）　110
コンサルティングの価値をどう伝えるか？　112

第四章　相続コンサルティングの実践事例　115

二次相続まで考慮した相続のワンストップサポート　久保田　俊　116
家族の想いを実現する家族信託という選択　廣木　涼　132
お一人様の終活支援から相続手続きまでワンストップで対応　杉森真哉　145
後継者に事業承継する経営者Aさん　長野拓矢　158
事業承継から不動産を活用して資産運用に繋げる　小柳裕基　176

おわりに　189

序章

相続をめぐる状況

相続をとりまく環境

2022年を振り返ると、様々な悪いニュースを目にしてきました。

この原稿を執筆している（2023年6月）時点では、ようやく新型コロナウイルスも落ち着きを見せ始め、マスクを外す方も多く見受けられるようになりました。世界では日本に先駆けて新型コロナウイルスに関する規制が緩和されていましたが、経済への影響が大きいように感じます。

2022年の世界経済では、アメリカの金利上昇による不動産価格の下落や中国恒大集団のデフォルトを発端として、経済成長の減速を目にする機会が多くありました。各国で政策金利の上昇は続き、ロシア・ウクライナ危機も解決には至っていません。加えて、ここから派生する各国の不動産不況や物価高といった顕在化された問題も解決の目処は立っておらず、今後世界的な経済成長の減速は避けられない流れにあると思います。

もちろん日本でも対岸の火事と楽観視できる状況ではなく、今後は消費税増税や私たち国民の経済状況も苦しい状況になることを踏まえた舵取りが必要になることが予想されます。

相続についても、2023年度税制改正大綱の中で、相続時精算課税制度と暦年贈与を併用できるようになる法改正がありました。相続時精算課税制度は2500万円までの贈与に贈与税が課税されない制度ですが、その名の通り相続の際には相続時精算課税制度を利用した贈与財産は相続財産に持ち戻す必要があることや、一度相続時精算課税制度を選択すると、贈与税の基礎控除（年110万円）がなくなってしまうため、メリットのある活用が限定的な制度でした。今回の税改正では相続時精算課税制度を選択した後も年110万円の基礎控除を利用できるようになるため、今後相続時精算課税制度が利用しやすい制度になったように見受けられます。

相続時精算課税制度の変更と共に、話題になった税改正で生前贈与加算が3年から7年に延長されたことがあります。現在も相続発生の3年前までに行った生前贈与は相続財産に持ち戻すルールですが、この期間が7年に延長されます。そうなると、今後生前贈与を利用した相続税対策をより長期的に計画する必要が出てきます。

前述の相続時精算課税制度が利用しやすくなったことで、生前贈与を積極的に相続対策に利用する方が増える可能性がありますが、無計画に生前贈与を対策に利用してしまうと、他の対策を実施していれば相続税が課税されなかった方に相続税が課税されてしまうこともありますので、これまで以上に相続対策としての生前贈与は計画的に実施していく必要があります。

このように相続税の制度も年々変化しており、相続コンサルタントを目指す上で、日々法律や制度の変化を注視することはもちろん、日本に影響を及ぼす世界経済にも目を向けて、これらがどのように変化していくかを予測する力も必要になります。

今後も相続税以外でも日本の相続を取り巻く環境に合わせた変化が起こると思われますので、まずは概況について触れておきたいと思います。

日本の人口は減少し、亡くなる人は増えている

『令和4年版厚生労働白書』によると、2021年の日本の合計特殊出生率は1・3（概数）と依然として低い水準であり、今後も長期的な少子化傾向の継続が見込まれています。その一方で将来の平均寿命は、2065年には男性：84・95年、女性：91・35年（『令和4年版高齢社会白書』より抜粋）まで延び続けると予測されており、65歳〜74歳人口は令和23年まで、75歳以上人口は2054年まで増加が続くとされています。

このように日本の少子高齢化は年々進んでおり、2065年には65歳以上の高齢者1人に対して1・3人の現役世代（15歳〜64歳）で支える比率になると予測されています。2065年と聞くとまだまだ先の話と感じるかもしれませんが、令和4年1月20日に総務省統計局公表の人口推計では、2022年1月1日時点でも、65歳以上の高齢者数3622万人に対して現役世代7449万人と65歳以上の高齢者1人に対して2・05人の現役世代で支える比率となっており、前述の少子化傾向と併せて日本の少子高齢化は避けられない流れであることが分かります。

【図１】高齢化の推移と将来推計

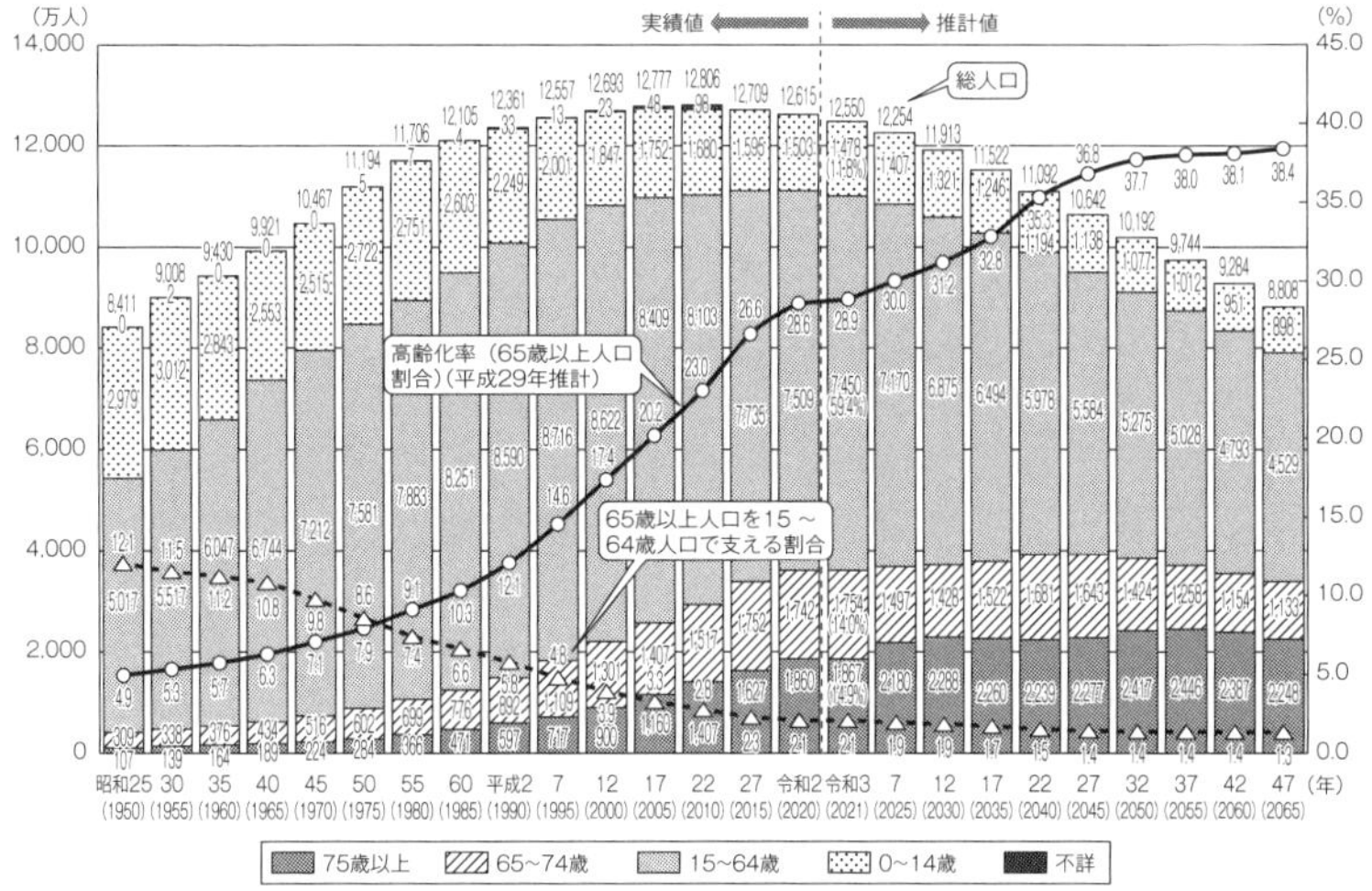

資料：棒グラフと実線の高齢化率については、2020年までは総務省「国勢調査」（2015年及び2020年は不詳補完値による。）、2021年は総務省「人口推計」（令和３年10月１日現在（令和２年国勢調査を基準とする推計値））、2025年以降は国立社会保障・人口問題研究所「日本の将来推計人口（平成29年推計）」の出生中位・死亡中位仮定による推計結果

（注１）2015年及び2020年の年齢階級別人口は不詳補完値によるため、年齢不詳は存在しない。2021年の年齢階級別人口は、総務省統計局「令和２年国勢調査」（不詳補完値）の人口に基づいて算出されていることから、年齢不詳は存在しない。2025年以降の年齢階級別人口は、総務省統計局「平成27年国勢調査　年齢・国籍不詳をあん分した人口（参考表）」による年齢不詳をあん分した人口に基づいて算出されていることから、年齢不詳は存在しない。なお、1950~2010年の高齢化率の算出には分母から年齢不詳を除いている。ただし、1950年及び1955年において割合を算出する際には、（注２）における沖縄県の一部の人口を不詳には含めないものとする。

（注２）沖縄県の昭和25年70歳以上の外国人136人（男55人、女81人）及び昭和30年70歳以上23,328人（男8,090人、女15,238人）は65~74歳、75歳以上の人口から除き、不詳に含めている。

（注３）将来人口推計とは、基準時点までに得られた人口学的データに基づき、それまでの傾向、趨勢を将来に向けて投影するものである。基準時点以降の構造的な変化等により、推計以降に得られる実績や新たな将来推計との間には乖離が生じ得るものであり、将来推計人口はこのような実績等を踏まえて定期的に見直すこととしている。

（注４）四捨五入の関係で、足し合わせても100.0%にならない場合がある。

出典：内閣府発行『令和４年版高齢社会白書』
https://www8.cao.go.jp/kourei/whitepaper/w-2022/zenbun/pdf/1s1s_01.pdf

相続税は増税の方向

相続により財産を取得した場合、一定の条件を満たすと相続税の納税義務が発生します。ではどのくらいの方が毎年亡くなられて、相続税の納税をされているのでしょうか。『令和2年分　相続税の申告事績の概要』(国税庁)によると、2020年分における被相続人数は137万2755人(前年対比：99・4%)とされており、相続税の申告書の提出に係る被相続人数は12万372人(前年対比104・4%)でした。亡くなられた方のうち8・76%の方が、相続税申告が必要な状況だったことが分かります。

2015年の相続税法改正により基礎控除が引き下げられ、およそ60%まで減少しました。この影響は大きく、改正以前と以降で課税件数割合が約2倍まで増加しました。加えて、年間の相続税総額は年々増加傾向にあります。これには様々な要因があると思われますが、上記のように相続税の基礎控除は相続人の数によって変動するため、被相続人の子どもの数が以前と比較して減少しており、人口減少も要因の一つとして考えられます。1971年~1974年の第二次ベビーブーム以降は年々出生率が減少しており、今後はより一層基礎控除も減少し、相続税総額だけでなく課税件数割合も増加することが予想されます。

国税庁の発表によると、２０２１年度では、相続税は国の収入の３・９％（２・２兆円）と申告所得税に次いで5位の税収とされており、国の収入としても重要な税金に位置付けられています。

また、２０２２年現在の日本では、消費税を始めとして様々な税金の増税・新設が検討されており、相続税も２０２３年度税制改正大綱で生前贈与の持ち戻し期間を延長することになっています。現在検討されている増税・新設は防衛費拡大を目的とされており、奇しくも相続税が創設された日露戦争の戦費を調達する目的と近い状況になりつつあります。現在ロシア・ウクライナを発端として世界中で戦争リスクが高まる中、比較的課税がしやすい相続税への増税が進む可能性は高いのではないでしょうか。

【図２】相続税の税収、課税件数割合及び負担割合の推移

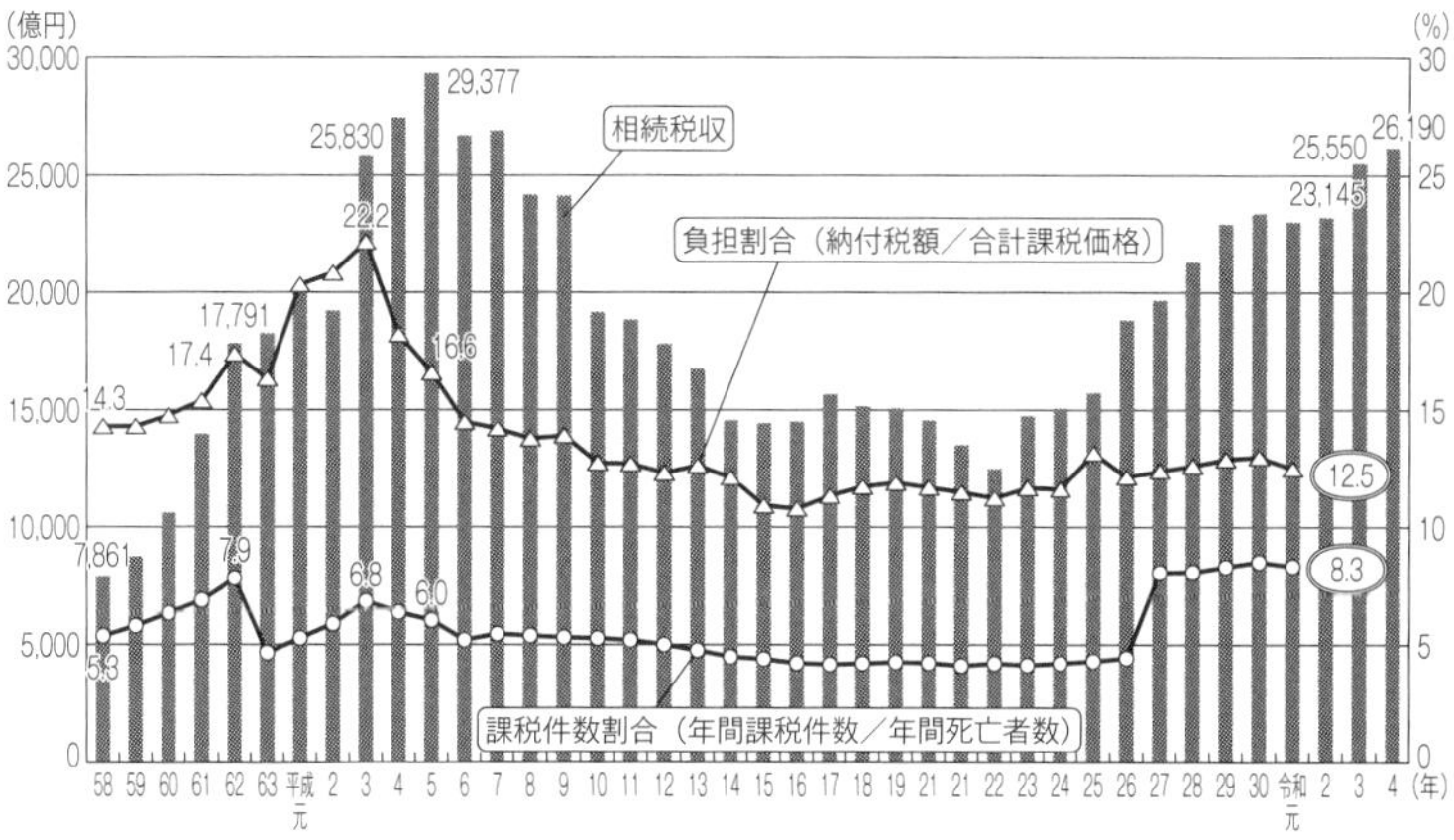

出典：https://www.mof.go.jp/tax-policy/summary/property/141.pdf

「争続」は増えている

コロナ前と比較して、相続人の間で揉める可能性がある相談をお受けする件数が増えている印象があります。

現在インターネットやテレビ等、様々なメディアで相続という言葉を目にする機会があるかと思いますが、それだけ皆様が、相続の知識を付ける機会が多くなっているということです。もちろん知識を付けていただくことは良いことですが、その一方でメディアで勉強できる相続の内容は一般的なものが多く、都合の良い知識のみを身に付けてしまい、これが相続人同士の争いの火種になっているように思います。

特にコロナの影響下では、経済的に不安定になる方も多く、それまではご両親の財産に頼る必要がなかった方も将来に不安を覚え、できる限り相続するものを増やしたいと考えるのも当然だと思います。

裁判所の報告によると、2020年度の遺産分割事件の新受件数はコロナによる政府からの緊急事態宣言等の影響もあって近年と比較して減少しているものの、高齢化の影響により高止まり状態にあるとされています。前述の人口動態推計では今後人口減少が加速していくことが予想されていることから、それに伴い相続人間で争いとなってしまう、いわゆる「争続」も増加していくと思われます。

また、ご相談の中で「うちはそんなに財産がないから揉めようがない」「相続問題なんて一部の人の問題でしょ」といったお話を伺うことも多いのですが、はっきり申し上げてそのような考え方は危険です。前述したように、年々「争続」の件数は増加しており、今後も増加をたどることが予想されることに加え、実は遺産分割事件の8割近くは相続財産額5000万円以下が占めているのです。5000万円以下の財産構成の多くは、自宅不動産が1軒と退職金を含めた金融資産と考えるとイメージしやすいかと思います。このような財産構成で、両親と子ども2人の家族構成だった場合、財産全体に占める自宅不動産の割合が大きく、自宅不動産を相続しない相続人の相続

【図3】新受件数（審判＋調停）及び平均審理期間の推移（遺産分割事件）

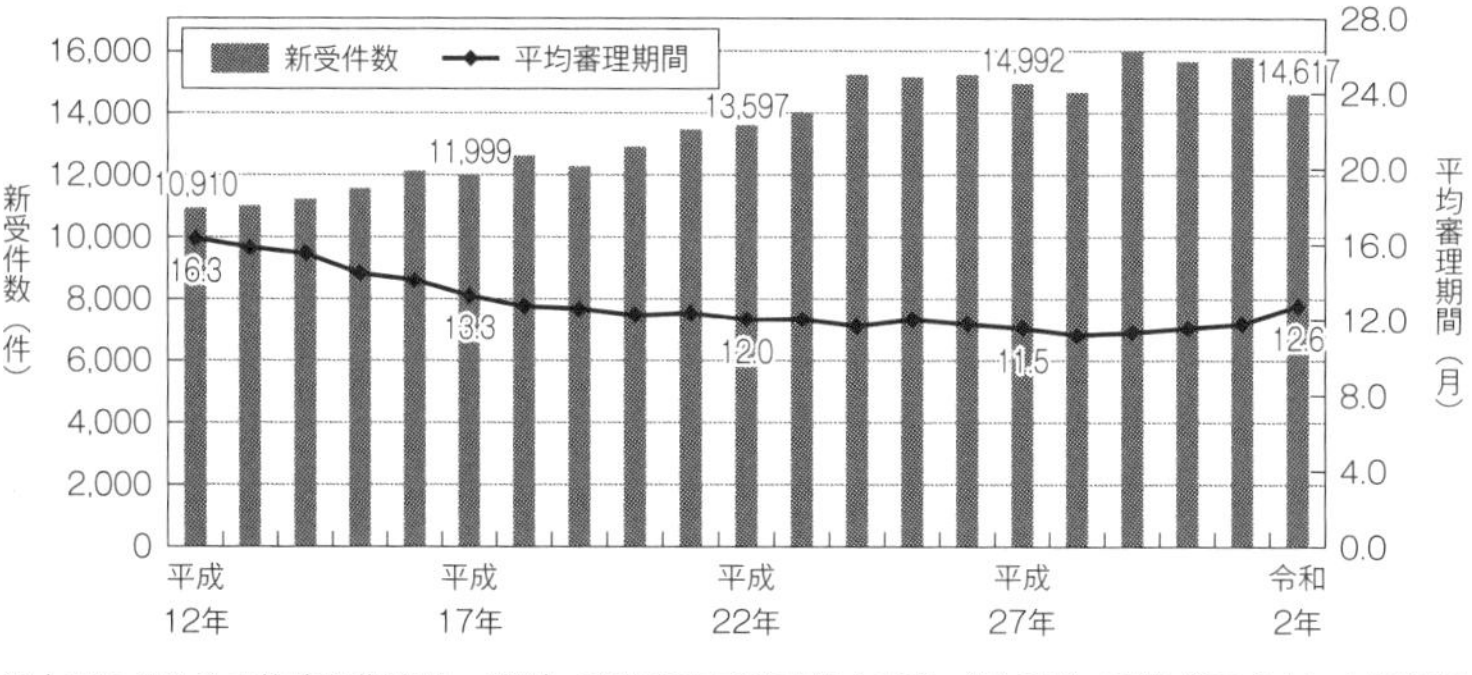

※本図における平均審理期間は、審判、調停の両手続を経た事件（例えば、調停が不成立になり審判移行した事件、あるいは審判申立て後に調停に付された事件）についても、これらを通じて1件と扱って計上した数値である（本項における既済事件のデータは全て同様である。）。これに対し、本図における新受件数は、調停としての係属と審判としての係属を別個に見た数値であり、例えば調停事件が不成立となって審判移行した場合には、審判事件の新受事件が1件増える扱いとなる前提がとられている。

出典：https://www.courts.go.jp/vc-files/courts/2021/09_houkoku_zentai.pdf

分が法定相続分を下回ることになります。一次相続（両親のどちらかが亡くなることをいいます）では、配偶者が自宅不動産を含め大部分を相続することで、争いは起こらないかもしれません。しかしその先の二次相続（両親のいずれかの遺産を相続（一次相続）した後、遺された配偶者が亡くなり、さらに相続が発生することをいいます）では、配偶者の生活費や介護施設への入所により金融資産が目減りしてしまい、相続財産が自宅不動産だけになってしまうこともあります。そのような状況の中では、「実家を残したい」「実家を売却して現金を分割したい」といったように子どもたちの意見が割れてしまい、「争続」に発展してしまう可能性が考えられます。

このように、「争続」は一部の資産家だけの悩みではなく、むしろ一般的な家庭ほどそのリスクは高いと考えていいと思います。図3のように一度争いに発展してしまうと、平均して1年ほどの審理期間となり、その間の相続人の経済的・精神的な負担は計り知れないものになると思います。そのため、できる限り争いにならないように、遺言書の作成や財産の組み換え等により予防策を講じておくことが重要です。

【図4】保有資産の動向

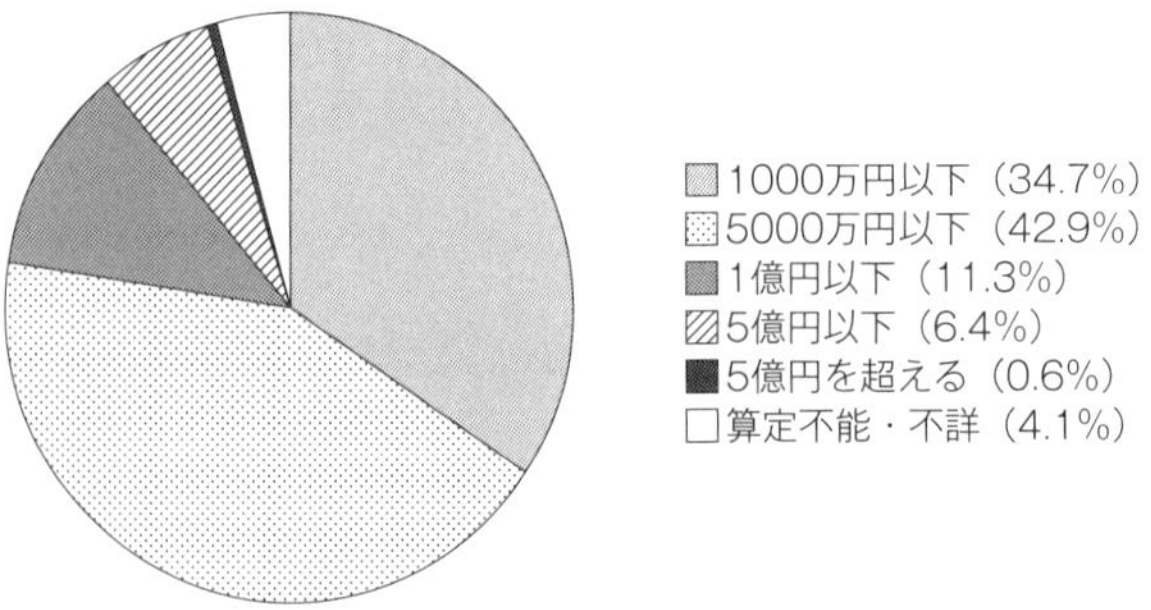

出典：法務省「令和2年司法統計年報」

各専門家の相続における専門領域

このように相続は家族ごとに様々な問題があり、広い視野や観点で問題に取り組む必要があることをお分かりいただけたかと思います。相続の手続きを業として行っている専門家と言えば、表1（P16）のように司法書士、税理士、行政書士、弁護士等が一般的には知られていますが、先程の例に挙げた両親と子ども2人の家族が抱える相続の問題を解決するためには、はたしてどの専門家への相談が必要でしょうか？　まずは期限が定められている相続税の申告を行うため、税理士への相談が必要となります。相続税の申告が終わった後は、不動産の相続登記を行うために司法書士に相談する必要があります。ただし、大切な家族を失った相続人が、限られた時間の中でそれぞれの専門家を探し出し、面談を行って比較検討し、手続きが始まってからも各段階で冷静な判断を行うとなると、その負担は非常に大きなものとなります。また生前対策ではできることが多い分、登場する専門家の幅も広がることから、どのような対策を行い、どの専門家に相談するかの判断がより複雑になります。このような相続人や生前対策で悩みを持つ方の一番の相談相手として、相続コンサルタントが一役買います。相続の知識や経験が豊富な相続コンサルタントがいることで、どの専門家に手続きを依頼すればいいかは一目瞭然ですし、前述したように相続税申告から相続登記への橋渡しもスムーズに行うことができるようになります。また、生前対策の場では、専門領域に囚われずその家族にどのような問題があり、その問題に対してどのような解決策があるかを見出すこともできるでしょう。

相続コンサルタントの役割

ここまで読んでいただき、現在の相続をめぐる状況や、相続に携わる専門士業の役割がお分かりいただけたかと思います。

今後も人口動態から相続の件数は増加すると予想されており、問題解決に対する相続の専門家への需要も高まると考えられますので、相続に携わる専門家も増加していくと思います。その中で、相続コンサルタントはどのような役割を持って、どのようなスタンスで相続に携わると良いでしょうか。

本書を手に取っていただいた皆様の中には、既に保険業・不動産業などで営業として従事されている方も多いかと思います。その中でお客様から相続の相談が出てきたこともあるかもしれません。そのような際に、皆様はお客様に対してどのような対

【表1】

士業	業務内容
司法書士	相続登記、相続手続き全般
税理士	相続税申告
行政書士	遺言、相続手続き
中小企業診断士	事業承継・新規事業開発
不動産鑑定士	不動産鑑定評価書作成
公認会計士	事業承継
弁護士	紛争解決

応をされたでしょうか？　前述の通り、相続手続きは専門士業でしか対応できないことも多く、お客様に専門士業を紹介するだけとなり、歯がゆい思いをされた方もいらっしゃるかもしれません。

本書ではこのような経験をした方が相続を自身のビジネスにできる相続コンサルタントになるために必要なスキル・業務内容について説明します。

相続ビジネスを始めていくためには、まず相続に悩んでいるお客様と出会うことから始まります。相続に悩んでいるけれど、誰に相談していいか分からない方は沢山います。そんな方を見つけ出し、きっかけ作りをする能力は士業のような専門家よりも不動産業者や保険業従事者のほうが優れている方が多い印象です。

そして、お客様のお困りごとを解決するため、信頼できて相談に乗ってくれる士業を見つけましょう。専門家なくしてはお客様の問題解決はできません。そのため、相続を専門とする各種専門家との繋がりは必須です。

なお、能力面だけでなく、人としての相性が合うかどうかも大切です。ご自身の大切なお客様を紹介するので、どの専門家に紹介するか慎重に選ぶ必要があります。ただし、きっかけを作り、専門士業に案件を引き継ぐだけでは相続コンサルタントの業務として不十分なことも多く、「自身が窓口となり、各種専門家と連携を取りながら案件対応をしていく方」を相続コンサルタントと考えます。

お客様からの直接的な相続の相談だけではなく、潜在的なお困りごとをお客様から引き出し、どの専門家を紹介すれば良いか考えて繋げていきます。そのため、相続に関する幅広い知識と人脈が必要となります。

例えば、終活や相続相談に対応しているファイナンシャルプランナーや、相続対策として保険会社、代理店、相続サポートをしている不動産会社などが当たります。当然ながら司法書士や弁護士、税理士が相続コンサルタントを兼ねるケースもあります。現場では相続コンサルタントとして活躍する士業も増えてきました。

相続コンサルタント自体は資格が必要な仕事ではないため、個々人の力量の差が出やすい業務です。お客様の潜在的な問題点を見つけられないと、専門家へ上手に繋げられませんし、自身の商品である保険や不動産を提案することもできません。

相続コンサルタントをビジネスにされている方は、司令塔として案件の全体像を把握し橋渡しすることが得意な印象です。そのため、「お客様から何かあると相談される」という方は専門家ではなく、相続コンサルタントの資質があるといえるでしょう。人柄も良く、人脈や交友関係が広いため、様々な方から相談を受けることが増えていくでしょう。専門家との繋がりも一士業に1人ではなく複数人とお付き合いされているので、能力面だけでなく、人柄も考慮して案件の振り分けができるようになります。

相続手続きの内容によっては、専門士業でしか対応できない領域があります。ただし、相続は1人の専門士業だけでは解決できない事例が極めて多く、各専門士業が一つのチームとなって、一つの相続の問題に対応することが起こります。そのような場合に、より良い結果に繋げるためには、専門領域に囚われず、相続の問題全体を把握しながらゴールへ導く取りまとめ役が必要となります。もちろん専門士業が取りまとめ役になることもありますが、それぞれの専門領域に専念していただき、相談者との窓口対応や各専門士業の橋渡しを行う等、優秀な相続コンサルタントがこの取りまとめ役になると、チームの力は1+1が4にも5にも増えていきます。また問題解決がスムーズになるだけではなく、

【図5】担当別　相続手続きの流れ

	項目	業務を対応する専門士業	相続コンサルタントの業務
生前	生前対策の検討	税理士：節税検討 司法書士：任意後見契約、信託組成、遺言書作成 中小企業診断士：事業承継検証 行政書士：遺言書作成	現状分析：対策チーム組成、実行統括、「争続」の予防
相続から3ヶ月以内	相続放棄	司法書士：財産調査、相続放棄手続き	不動産調査
相続から4ヶ月以内	準確定申告	税理士：準確定申告	書類収集サポート
相続から10ヶ月以内	相続税申告	税理士：書類収集、相続税申告、二次相続シミュレーション	遺産分割方針・納税資金検討
相続から3年以内	相続登記	司法書士：相続登記、金融機関手続き	
手続き完了後	次の相続に向けた各種対策		ライフプランニング、保険加入、不動産売買、「争続」の予防etc.

各専門領域外からの観点から相続の問題全体を見ることで、段階ごとの最善の結果のみならず、全体として最善の結果を見据えたゴールの設定ができると思います。

相続コンサルタントには相談者とのやり取りやチームの取りまとめ役としてのコミュニケーション能力が必要とされますし、各専門家との打ち合わせの際に専門知識がないと専門家だけで対応したほうがスムーズになってしまうこともありますので、自身の専門分野外でも相続の知識を身に付ける必要があります。

それぞれの専門領域をどの専門家に対応してもらい、どのようなチームを作るかということも相続コンサルタントの役割の一つとなります。相続についての知識や経験はもちろん必要ですが、相続というデリケートな手続きに対応することになりますので、相談者との相性も踏まえてチームづくりを考える必要があります。そのため、各専門領域を依頼できる専門家と多数繋がりを持ち、相談者によって、また相談内容によって最善のチームを作れるようなネットワークを持つことも優秀な相続コンサルタントの役割だといえます。

また、相続コンサルタントは相続発生から相続手続き完了まで、場合によっては相続発生前から相続の各段階にかかわらず相続全てに関与する立場になります。生前対策を検討する中で、また、相続手続きを進める中でお客様の潜在的な問題点を見出すことができ、相続手続きが完了した後に自身のビジネス領域で将来に向けてどのような対策がお客様にとって良い結果に繋がるか最善の提案を行わなければなりません。特に、「争続」の予防は相続コンサルタントの腕の見せどころになるでしょう。経済面や法律面だけでなく、相続人の感情面をしっかりと把握し、お客様が納得できる円満な相続にするために、遺言書作成・財産の組み換え等、専門領域に囚われず広い視野で問題を捉えることで、ご家族ごとの最善の解決策を見出せるようになるでしょう。

本書を手に取っていただいた方の中には、相続コンサルタントになろうとしている方だけでなく、既に相続コンサルタントとして活動している方、相続の専門士業として活動している方、これから相続に携わりたいと考えている方……様々な方がいらっしゃると思います。今後は、相続の相談を受けられる専門家と受けられない専門家の差が大きくなっていく状況が生まれようとしていることは注意すべき点です。

本書では相続の基本から、専門士業の枠を超えた「相続コンサルタント」のあるべき姿をお示ししましたので、実際にご活用いただき、皆様の相続コンサルタントとしての活動の一助となれば幸いです。

第一章

相続の支援をする上でのプロとしての基本

相続のサポートとは

相続手続きや相続対策のサポートにおいては様々な知識が必要となります。相続にかかる基本的な情報について（誰が相続人になるのか、相続税の計算方法、相続のルールなど）、10年ほど前は情報の非対称性がありお客様が知らないケースが多かったものの、今ではインターネットを活用して誰でも簡単に調べることができるため、私たちのように相続支援を行うプロは当然ながら知っておかなければならない情報となります。

一方で、インターネットでも調べることが難しい内容や、お客様の気付かない視点を掘り下げて提案していくことはＡＩが台頭し始めている中でも必要なスキルとなるでしょう。よってこの書籍では、相続支援をさらに深掘りしていくための情報やスキルについて詳しく述べていきたいと思います。

相続支援のプロが把握すべき知識とは？

相続コンサルティングには、法務、税務、不動産、年金、保険、介護、葬儀など幅広い知識が必要とされます。そのためには、最低でもファイナンシャルプランナー3級程度の基礎知識は必須となります。

これから相続コンサルティングを始めようという方は、ここから始めることをお勧めします。その上で、相続に関する知識を積み上げたいという方は、相続に関する民間資格を取得するのも一つの方法です。現在、相続士、相続診断士、相続アドバイザー、終活カウンセラーなど様々な資格があります。筆者の1人も当初知識を身に付けるため、様々な資格取得をしました。

しかし当然のことながら資格を取得したからといって、仕事ができるようになるわけではありません。

実際のご相談に来るお客様は、相続に必要な財産情報を最初から打ち明けてくれるわけではありませんから、相談されたお客様に質問することで開示していただいた僅かな情報から、全体像を把握することが重要となります。そこで、まず最低限身に付けていただきたい情報収集スキルについてお伝えします。

なお生前相談をメインに活動する場合には、年金制度、介護保険制度、成年後見制度、高齢者住宅などに関する知識も必須となります。

不動産資料を読み解くスキル

相続コンサルティングで最も重要な財産は、不動産です。国税庁の発表でも、土地建物が相続財産全体の約40％を占めます。地主と呼ばれる資産家ですと、経験上その割合は70％や80％の方も少なくありません。

そのため、不動産に関する資料をしっかりと読み解くスキルが重要になってきます。またこの読み解きは、評価額にも影響し、最終的には相続税まで繋がります。

【図6】相続財産の金額の構成比の推移

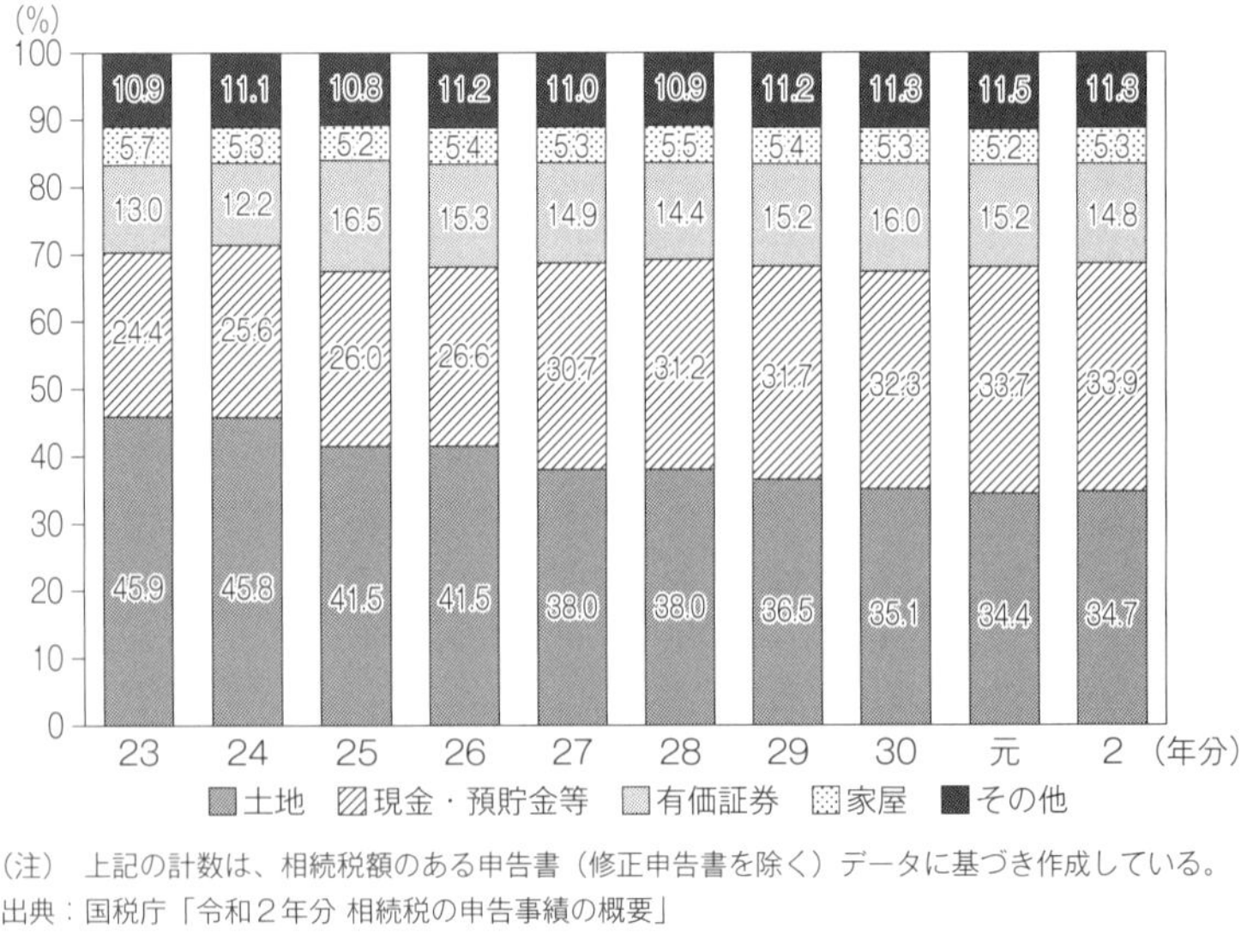

（注）　上記の計数は、相続税額のある申告書（修正申告書を除く）データに基づき作成している。
出典：国税庁「令和２年分 相続税の申告事績の概要」

法務局関連資料を読み解くスキル

法務局で取得することができる登記簿謄本などの資料から情報を読み込むことができれば、地図や市町村の都市計画情報なども組み合わせることにより、お客様からヒアリングせずともほとんどの情報を把握することができます。

場所が特定できれば、路線価図等により土地評価額の概算金額も把握可能です。登記簿謄本を読み解く際には、共有持分を確認するということも大切です。共有持分は、一つの不動産に対して持分割合の影響力を及ぼし、財産価値に反映されます。

特に不動産の共有は、相続問題の解決を複雑にする大きな要素です。お客様は相続手続きの際に、何も知らないまま安易に共有にするとその次の世代における相続が複雑になります。特に子ども同士で共有になると、その後に権利を一本化するのは容易ではありません。

それが原因で争うことになった現場も数多く見てきました。

また詳細には、登記簿謄本では最新の共有持分は一目では分かりません。過去からの経緯を追うことでしか最新の状態が把握できないことも、共有を分かりづらくしている原因になっていますのでご注意ください。

固定資産税資料を読み解くスキル

固定資産税資料は所有者しか知り得ない情報なので、お客様から提供していただくことしかできませんが、この資料にも様々な情報が記載されています。

筆者も面談に必要な資料として、この資料を持参するようにお願いしています。

また、法務局資料では得られない情報として「固定資産税評価額」があります。この額から相続税評価額も推定することができますし、相続手続きや対策の際にかかる登録免許税や不動産取得税の金額も推定することができます。

なお、固定資産税資料は、市町村ごとに書式が異なるので、多少の経験がないと必要な情報がどこに記載されているかが分かりません。

また同じ市町村から発行される書類でも名称によって内容や項目が変わることにも注意が必要です。

その他の資料を読み解くスキル

不動産以外の情報では左記資料の読み解きスキルは必須です。

こちらは財産価値の把握も必要ですが、収支などのキャッシュフローバランスを把握することができます。

特にアパートなどの収益物件を所有する場合、アパートの場所を不動産資料で把握して概算収支は確認できますが、確定申告書の不動産収支を確認することにより、家賃収入、支出もより的確にできます。

・年金：ねんきん定期便、年金支給資料
・保険：保険証券、保険契約に関する書類
・税務申告書：相続税、所得税（不動産収支・事業収支申告書含む）、法人税
・その他：源泉徴収票、借入金返済予定表

お客様が求める情報や目的を理解する

相続コンサルタントの立場としては、できるだけ正確な情報を収集して、お客様に最適な提案をしてあげたいと考えるのが当然です。しかし、そのためには時間も費用もかかります。またお客様は、実際にはそこまで望んでいない場合もあります。

「ちょっと何かヒントがほしい」「参考までに意見を聞いてみたい」「ウチは相続税かかるのか？」程度でご相談される方も多いのです。

もし可能な限りの正確な情報を収集すると、財産評価にしても税理士による厳密な調査が必要ですし、費用も数十万円単位でかかります。

相続コンサルタントは、医者で喩えれば「身近な診療所」という立場です。相談者は地主や資産家のように自ら勉強されている方は少なく、不動産評価額は計算したこともない、財産の把握もしたことがないという方のほうが多いはずです。

そのため、まずは「概要を把握し」、「将来の姿を予測し」、「今なら何ができるか」ということを分かりやすく伝える姿勢を貫くことが大切だと感じています。

お客様への想いを大切にする

相続を仕事にするには、お客様の家族・生活・財産の状況に深く関わっていく覚悟が必要です。単発業務のように短期間の付き合いや効率よく仕事をしていきたいと思っている方には、残念ながら向いていません。

業務内容としては、相談業務として、お客様の現状分析、現状をより改善するため良案を提示するなど、お手伝いできることは多種多様に亘ります。自分自身が常に勉強する姿勢を忘れず、経験を積み、常にアンテナを張って、お客様に役立つ情報を発信していくことが大切です。

さらに、お客様との関係性も家族単位で対応を変えていきます。家族関係にどれだけ首を突っ込むかは非常にセンシティブな問題であり、ご家族それぞれの考え方を理解して対応をしていかないといけません。

重要なことは、自分のひとりよがりにならないこと、必ず多角的な視点から提案をすることです。特に、自分の専門分野である不動産、保険などの商品をお客様に買ってもらいたいというのが前面に出てしまうと、お客様も警戒し、かえって心を閉ざしてしまいます。

専門で仕事をしているプロと一般のお客様との間には、当然保有している情報の格差もあります。そのため、専門用語を使わず平易な言葉や喩え話を交えて話すことも大事ですし、お客様は年配の方も多いため、例えばゆっくり話す、資料の文字を大きくするなどの気遣いも必要となります。

また、お客様の中には関係性を築いた上で取引したいというお考えの方もおり、根気がいる仕事ともいえるでしょう。しかし、それだけやりがいもあります。相続で困っているお客様に安心感を提供することで感謝の言葉がいただける……そんな素敵なお仕事です。

相続業務における部分最適と全体最適

相続相談を受けたときの注意点は、相談された一部分だけにスポットを当てないことです。お客様は、相続のことを深く知らない一般の方です。お客様の思う解決策や根本原因がずれているということはよくあります。そのため、コンサルタントは一部分のみでなく全体像を見ること、そして、全体像を把握できるように、周辺知識の習得やヒアリングを重ねることが重要です。特に相続に関連する周辺知識は、多種多様にありますので、常に勉強する姿勢が求められます。なお紛争に関することや依頼者の代わりに相手方と交渉すること、税金に関することなど法律上士業しかできない業務（独占業務）があります。そのため、信頼できる士業や専門家と連携し、相談し合いながら、お客様にとっての最適解を見つけていくことが求められます。

第二章

相続のプロが行う相続支援の具体的ポイント

相続を仕事として取り組もうとした場合、大きく分けて、「相続発生前の相続対策」と「相続発生後の諸手続き」に分けられます。「相続発生後の諸手続き」は粛々と決まった業務を進めていくという特徴がある一方、「相続発生前の相続対策」はお客様と一緒に、これからどうしていくかといったコンサルティング的要素が強く、やりがいも大きなものとなります。

そのため、相続ビジネスに注力している方はもちろん、これから注力していきたい方は、このようなアプローチもあるのだと頭の中を整理していただき、良い点が一つでもあれば、実務に反映いただければと思います。

ライフステージで相続支援を切り分ける

「ライフステージ」というと難しいイメージを持たれるかもしれませんが、例えば、読者の皆様も自分が子どもの頃はこうだったとか、今の若者にはついていけない、など同年代の方々と世間話をしたことがあるのではないでしょうか。このように、人の一生は年齢を重ねていくにつれて、いくつかの節目となる「段階」に分かれます。こうした段階のことを、ライフステージと呼んでいます。

そして、ライフステージごとに親子・友人・職場・家庭などの人間関係、学校、仕事、結婚、健康、生活習慣、自宅、お金などの問題があり、その時点で何に取り組むか、何に気を付けて生活すべきか、どんな選択肢があるかは異なります。

ライフステージ全体を、段階を追って一つずつ見ていくと非常に面白いのですが、これで1冊の本ができてしまうほど壮大な話になってしまいますので、本章では相続に焦点を絞ってライフステージを見ていきたいと思います。

ライフステージに明確な定義はありませんが、本章では以下のように定義します。

・幼年期（0歳～4歳）
・少年期（5歳～14歳）
・青年期（15歳～24歳）
・壮年期（25歳～44歳）
・中年期（45歳～64歳）
・前期高齢期（65歳～74歳）
・後期高齢期（75歳～）

この中でも、相続を考え始める方は、中年期以降のライフステージに属します。そのため、中年期以降のライフステージに絞って、今後のお客様やそのご家族の生活でどのようなことが起こるのか、どのようなことに気を付けないといけないのかといった点を一緒に見ていきましょう。

なお、同じステージであっても、家族状況などによって考えるべきポイントが変わるため、イメージを持ちやすいように前提とするご家族の年齢を記載します。

中年期（45歳〜64歳）

家族年齢

本人：50歳

親：75歳

子ども：20歳（大学生）

中年期の方は、子どもが高校生や大学生に該当するケースが多いかと思います。学費や受験に向けた学習塾などの子どもの教育費は、誰しも悩みの種になっていることでしょう。

そして、本人も働き盛りで会社において責任のあるポジションとなり、日々の生活に精一杯の方が多い印象です。そんな中、親の介護や相続が発生した場合、全く準備をしていないと、大きく生活環境が変わってしまいます。そのため、臭いものに蓋をするではないですが、つい見ないふりをされている方も多いのではないでしょうか。

昨今の核家族化により、両親2人だけで生活をされている方が多いのが現状です。ご両親のうちどちらか一方がお亡くなりになった場合、残った親1人での生活は将来の介護のことも考えると心配ですし2人から1人になったため年金受給額も減り、金銭的な問題が出てくる方もいらっしゃいます。

中には、ご自身やご自身の配偶者が仕事を辞めて、親の介護を担っている方も少なくありません。そのため、ご自身の考えていたライフプランと大きく異なってしまうこともありますので、親の介護も踏まえて家族間で話し合いをし、「こんなはずじゃなかった」とならないような準備をしていくことが必要です。

そして、ご両親が元気なうちは、子どもも含め三世代で旅行に行くなどの素敵な思い出作りをしたり、子どもが成長したことに伴い、自宅の住み替えやご両親との同居を考えるタイミングです。3世代で一緒に過ごす時間が最も多いのが、この中年期ではないでしょうか。

前期高齢期（65歳～74歳）

家族年齢

本人：65歳

親：90歳

子ども：35歳

前期高齢期の方は、多くの方が仕事をリタイアしています。子どもは経済的に自立していますが、子どもの結婚や孫の誕生を心待ちにすることも、逆に子どもがなかなか結婚せずに悩みの種になることもあります。しかし、それよりも悩ましいのが親の介護です。

特に、実家が田舎にあり子どもが都心で生活している場合は、距離的な問題もあり親の面倒を見ることができません。ご両親だけで過ごしていた場合、転倒など、予期せぬアクシデントによって自宅での生活ができなくなってしまうこともあります。その際、同居することは現実的に難しいでしょうから、施設への入所を検討することとなります。このとき頭を悩ませるのが、施設への入所金です。

施設によって入所の際の一時金は数十万円~数千万円と幅がありますが、サービスや設備が充実した施設に入ろうとした場合は、高額な入所金が必要となります。実際に必要に迫られてから施設を探し始めますので、思っていたよりも高額な費用がかかることで、親の貯金では不足してしまうこともあります。

もちろん、皆様はじめは費用が安い特別養護老人ホーム（特養）に入所させたいと希望されます。ただ、特養は費用が安い分人気も高いため、入所待ちが生じてしまっているのが現状です。そのため、退院日が決まっているなど施設への入所日が迫っている場合、民間の施設も検討することになります。

毎月の施設利用費も施設によって幅があり、15万円~50万円程度かかりますが、全て年金で賄える方はほとんどいらっしゃらないのではないでしょうか。その場合、親の貯金から不足分を賄うかご自身やお子様が不足分を補てんすることで、なんとかやりくりをしている方もいらっしゃいます。介護費用や施設入所費用がいくらくらいかかるのか、要介護となったときに同居して介護ができるのか、介護するとしたら家族の中で誰がそれを担うのか、事前に家族で話し合いをして準備をすることが大切です。

また、一方でご自身の老後を考えていく上では、老後資金の準備のために退職金の運用などを考えるタイミングでもあります。

相続税がかかる方は老後資金を確保しつつ、子どもや孫への贈与を検討していきましょう。

しかしながら、せっかくご自身で蓄えた財産ですので、ご自身やご家族のために使われることが一番です。

親の死期が迫る中でどのように最後の時間を過ごすか、後悔のないように家族に向き合う時期が、前期高齢期だといえるでしょう。

後期高齢期（75歳〜）

家族年齢

本人：80歳

親：他界

子ども：50歳

後期高齢期では、親は他界し、いよいよ本人の老後や相続対策を真剣に考えていく時期に差しかかります。どういう老後を過ごしたいのか、貯蓄額や家族の状況等を照らし合わせて検討していくことが得策です。

まずは、人生を振り返り、医療、介護が必要になったときの要望やこれからの自分の人生をどう過ごしていきたいか、ご自身の相続発生後を考えて、葬儀、お墓のことまで決めておくことが、遺される子どもたちの負担を軽くする、ということを相続コンサルタントとして案内することが大切です。

自宅の承継方法やお墓の管理は、世代間の価値観の違いなどにより相続発生後に話がまとまりづらい印象があります。そのため、家族が自身の相続後も幸せに過ごせるよう皆が納得いくよう話し合いをしておくべきです。

例えば、自宅については、住み続ける人がいるかいないか、住み続ける人がいる場合は、他の相続人との間で相続財産のバランスが取れているかを検討します。

住み続ける人がいない場合は、生前か相続後かどのタイミングで売却するかを決めておくと遺される家族は安心でしょう。

お墓については、昨今は長男が家を継ぐという意識が薄くなっています。もし長男がお墓を承継することになっても、お墓の管理費や、檀家としてのお寺へのお布施を考えると、相続のときに平等に財産を承継することに不満を持つこともあります。その点も考慮して、お墓の承継方法をご家族皆で考えておく必要があります。

一方、お墓を承継する子どもがいない場合、墓じまいを考えていかなければなりません。昨今の時勢を受け、永代供養を選ばれる方も都心部を中心に年々増えています。一つの選択肢としてご提案差し上げてもいいかもしれません。

このように悩ましい点もありますが、人生楽しいことも沢山あります。例えば、70歳を過ぎてから大学に通われる方や習い事をされる方もいらっしゃいます。皆生き生きと過ごされています。

いくつになっても新しいことに挑戦するのは素敵なことです。人生一度きりですから悔いのないよう自分らしく生きたいと誰しも思っているはずです。自分の人生を振り返り、自己と向き合う最後の時間が後期高齢期です。

ライフステージ分析のまとめ

家族でも、一人ひとり、人生で大事にしたいこと、優先したいこと、価値観は異なります。ご自身がどう生きてきたのか、今後の人生をどう生きたいのか、どういう想いを遺していきたいのかを考えることで自分の人生はより充実し、ひいては、家族関係がより強固なものになっていくのではないでしょうか。

ただし、その時々で生活状況も変わりますので、1年後〜10年後の短期〜中期のライフプランと10年後以降の長期のライフプランとを、状況に合わせて軌道修正をしながら家族の間で共有することをお勧めします。

私たち相続コンサルタントの役割は、相続という角度から、お客様に一歩先の未来のお話をして、自分事と捉えていただくことです。その上で、お力になれることがあれば対応し、サポートをしていきましょう。

時代が移り、相続に関する考え方も「家」を継ぐという意識から個人の財産承継に変わってきています。まずはご自身の生活が第一ですが、資産をお持ちの方は、遺す財産の分け方についても少しずつ考えていくべきです。

次からは財産別の相続対策方法をお伝えしていきます。

【表2】ライフステージ別のポイント

カテゴリー	50代	60代	70代	80代
家族	子どもの学費 親の介護	親の介護・相続	子どもとの同居や老後の生活環境の検討	相続発生後の対策
健康	将来を考えた健康管理 元気なうちに介護保険などへの加入検討	認知症予備軍	病気リスク	介護・病気のリスク

財産別の対策方法

これまでは、ライフステージ別にどんなことが起こるかを見てきました。次に、将来的な相続に備え、財産についてどんなポイントがあるか一つずつ見ていきましょう。

相続する財産には、主に不動産、有価証券、預貯金、保険などがありますが、お客様の各財産やお持ちの財産の割合によっても対策方法が変わってきます。各財産の特徴や相続時の注意点を記載していきます。

（1）不動産

まず、相続財産の承継を考えていく上で一番重要なのは不動産です。不動産は金額と単位が大きく、相続人間で平等に分けづらいことが特徴です。そのため、誰が相続するかによって、他の財産の承継者や承継方法に影響します。

税務面では、小規模宅地等の特例を使えるかどうかが大きなポイントです。小規模宅地等の特例を使えるかどうかで、相続税が全く変わるので、相続税をなるべく抑えたい方は生前に小規模宅地等の特例を有効活用できるかどうか検討すべきです。一概に不動産といっても種類は様々ですので、不動産の種類別に考えていきましょう。

①実家（自宅）

相続ビジネスを行う上で圧倒的に接する機会が多い財産が実家（以下、「自宅」という）です。自宅の対策方法を検討していく上で、同居家族がいる場合といない場合で対策方法が異なりますので、それぞれのケースに応じて見ていきます。

イ）同居家族がいる場合

同居家族がいる場合、その方が今後も住み続けるのであれば、その同居家族に承継するのが一般的な感覚ではないでしょうか。

さらに、自宅に同居されていた方がいると小規模宅地等の特例を使って自宅敷地について３３０㎡を上限に相続税評価額を80%減額することができます。

図７のケースでは自宅が５０００万円から１０００万円に評価額が下がったことで、相続税率が10%だったとしても、これだけで４００万円（４０００万円［５０００万円－１０００万円］×10%）の節税効果です。

そして、この節税効果は地価が高い都心部であればあるほど

【図7】

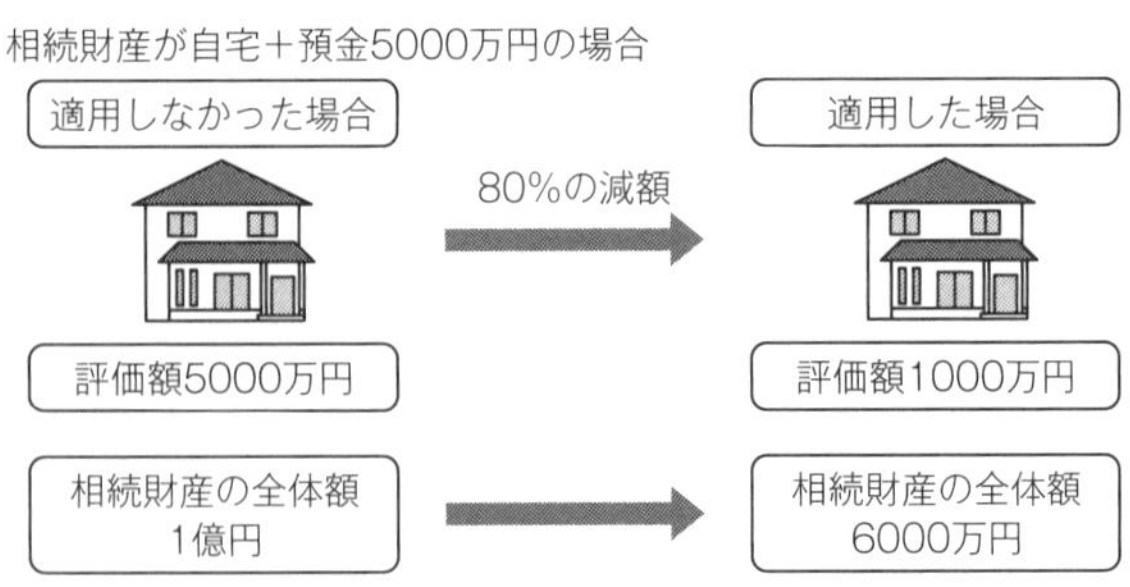

絶大です。さらに、この節税効果を享受する方は自宅を相続した方だけではありません。相続税は全財産をもとに相続税の総額を計算した後に各相続人が相続した財産額に応じて按分《あんぶん》するため、相続税の総額が減額されると、自宅を相続しない他の兄弟姉妹にとっても相続税額が抑えられるため、相続人全員に節税効果があります。

このように、相続税評価、相続税額という観点で見ると、一見、相続人全員にメリットがありそうです。しかし、相続財産の本来の価値という観点で考えてみると自宅とその他の財産の承継方法で「争続」に発展してしまう可能性があります。

具体例を見ていきます。

【具体例】（図8）
相続人：子3人（長男、長女、二男）
相続財産全体：7500万円
内訳：自宅5000万円
　　　預貯金2500万円
財産分割案：相続人3人のうち長男が実家を引き継ぐ

相続人の法定相続分は1／3ですので、本来であれば、図9のように3人それぞれ7500

万円×1／3＝2500万円もらえるはずです。

しかし、長男が5000万円の実家を相続し、残りの2人で預貯金2500万円を1250万円ずつ相続した場合はどうなるでしょうか（図10）。

金額だけを見れば、子ども3人の間で不平等です。そのため、兄弟関係が良くない場合、自宅を相続した長男に対し、長女二男の2人は自分が本来もらえるはずの分、いわゆる、法定相続分を請求する可能性があります。

このケースでは、上記記載の通り、各人の法定相続分は2500万円です。

つまり、遺言書がない場合、法定相続分に沿った遺産分割をすることとなるた

【図8】家族構成と相続財産

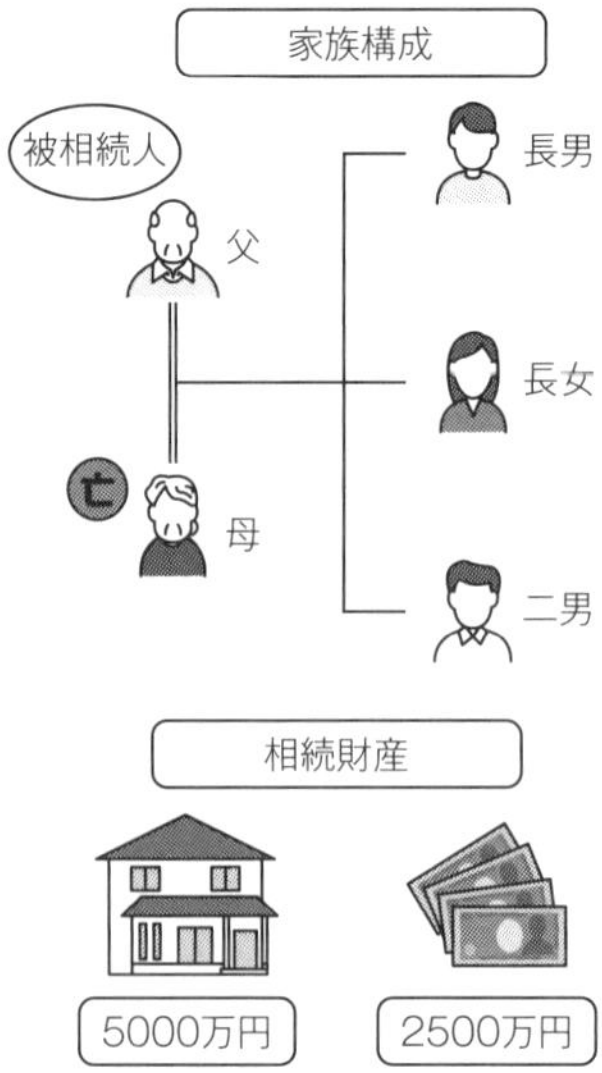

め、長男は長女二男2人からそれぞれ1250万円（＝2500万円［法定相続分］－1250万円［既に相続した財産］）ずつ、合計2500万円請求される可能性があります。

ただし、実家に親と同居していた相続人は、親の介護や面倒を担っているケースが多く、「自分が時間を犠牲にして親の面倒を見てきたのに……実家を相続したといっても住んでいるから売却してお金にするわけにもいかないし、2500万円なんて払えない」という状況の方も多くいます。このような状況が争続に繋がることもあります。

争続までいかなくても子どもたちでなかなか話し合いがまとまらない可能性は十分あります。せっかくまとまりかけても、子どもたちの配偶者が話し合いに参加し、話し合いが決裂するケースも実務では少なくありません。

子どもたちの配偶者は、兄弟の事情よりも少しでも財産を多くもらえるよう、法律上の権利を主張する場合が多いので、まとまるものもまとまりません。

【図9】法定相続分

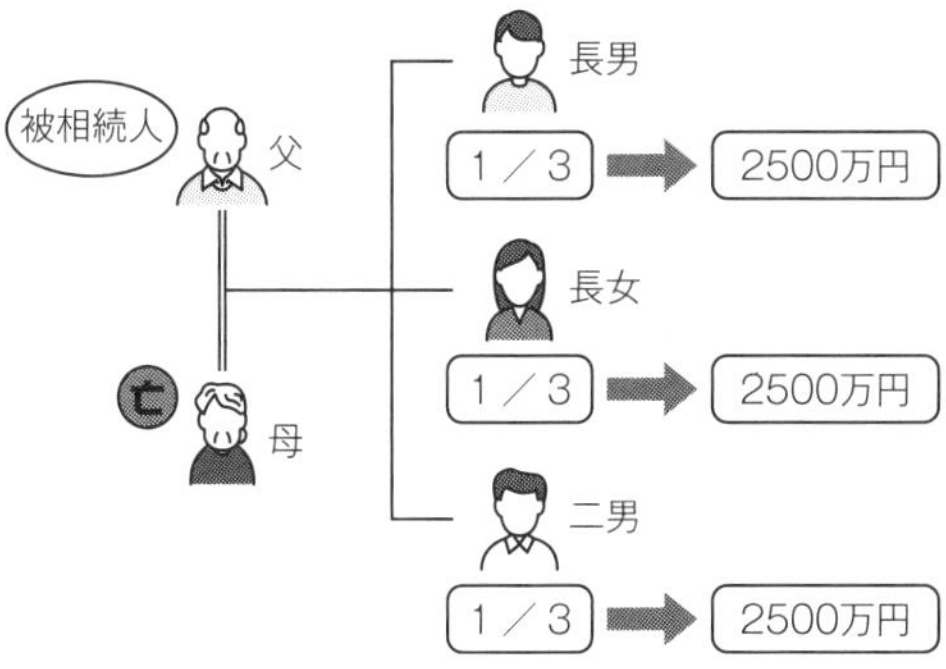

また、介護の苦労は介護を担ってきた本人にしか分かりません。一方、同居をしていない相続人から見ると、同居している相続人は親と同居して家賃もかからないで得しているというように見える場合もあります。

このように、相続では相続人それぞれの置かれた立場が異なるため、相続発生後に相続人間でぶつかってしまうのです。

このような場合に備えて、お客様への提案として、例えば遺言を遺しておく、遺言の付言にそれぞれの子どもたちへのメッセージを残しておくことをお勧めすることがあります。これだけでも親の想いを子どもたちが汲み取ってくれ、円満に相続が進むことがあります。また、生前に親から家族に自分の意思を伝えておくだけでも効果があります。

私も自分自身が遺言執行者となって、遺言をご家族にお伝えする際に、故人の最後の

【図10】財産分割案

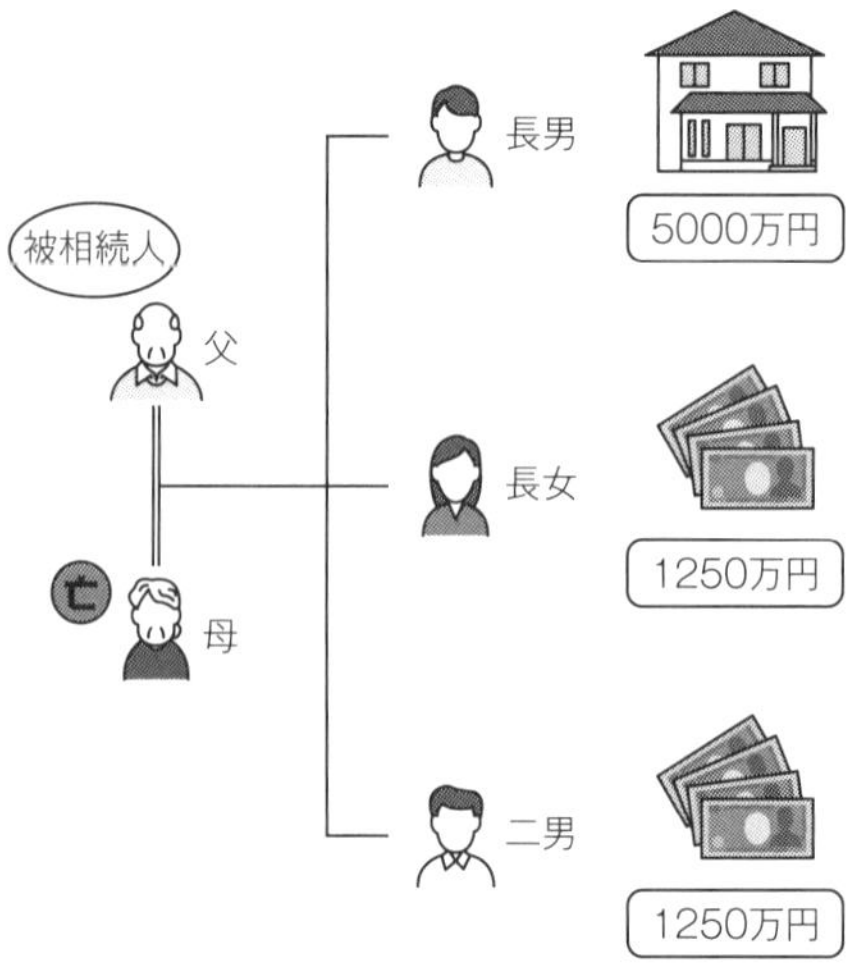

メッセージを読み上げることがあります。例えば、相続人の1人が介護をどんなに一生懸命にやってくれたか、どういう気持ちで自宅を残したいかなど、相続人一人ひとりとの想い出と感謝の気持ちを記載し、遺留分を侵害している遺言ではあっても、ご家族皆様どんな想いであれ故人を偲んで「その遺言の通りで進めて問題ないです」と円滑に進んだケースもありました。

一方、中には、遺言書のメッセージに特定の相続人への恨みつらみを記載しており、そのメッセージをめぐって他の相続人間の関係性も悪くなってしまうケースもあります。

それだけ遺言というのは故人の最期の想いを伝える大切なお手紙です。遺される家族、そして自分がどうしてほしいかという想いの実現のために、遺言作成のサポートをする私たちはお客様に寄り添ってコーディネートをしていかなければなりません。

ロ）同居家族がいない場合

次に同居家族がいない場合ですが、実家が地方で子どもが都会に出てきているケースをイメージしていただくと分かりやすいかと思います。この場合、子どもが実家に戻ったり、もう使わないからと売却することもありますが、空き家になった実家をそのままの状態にしている方も意外と多いようです。

幼少期の頃に住んだ家を売却するということに思い切りがつかないのかとお察ししますが、近年は、空き家が社会問題として取り沙汰されています。空き家を所有していると倒壊や火事により所有者が責任を問われるリスクもあります。ご近所の方にとっても管理されてない空き家があると景観や治安の悪化に繋がってしまいますので、自治体も空き家問題として取り組み始めました。

我々専門家も、空き家になってしまいそうな場合、なってしまった場合は、売却や贈与など速やかに対処するよう案内しています。

税務面でも、空き家を売却する場合、空き家売却時の3000万円特別控除が活用できます。これは、空き家を相続した相続人が、一定の条件を満たした空き家を相続税申告期限日から3年以内に譲渡した場合には、その譲渡にかかる譲渡所得の金額から3000万円を特別控除され、譲渡時の税金が安くなるという特例です。

そして、相続税申告の際に小規模宅地等の特例の適用検討も忘れてはいけません。同居家族がいない場合でも使えるケースがあります。それが「家なき子」です。

家なき子の詳細な要件は割愛しますが、相続ビジネスをしていく上で小規模宅地等の特例の習得は外せません。相続税を考える際は、まず小規模宅地等の特例が使えないか検討しましょう。

なお、小規模宅地等の特例が適用できる場合、要件の一つとして申告期限まで対象不動産を保有しておかないといけません。言い換えると売却等の処分をしてしまうと小規模宅地等の特例が使えなくなってしまいますので注意しましょう。

さて、実際に売却をする際の注意点として、代表相続人1人の名義にして売却手続きを代表相続人が行う場合と、相続人全員の共有として相続人全員で売却手続きをする場合があります。

売却する際は、実務でよく出てくる話ですので、押さえておいて損はありません。

まず、代表相続人を指定するメリットは、単独のご名義となるため、売却時の調印や日程調整などスムーズな対応が可能という点です。デメリットとしては、不動産取得時と比較して売却価格が高額となっていた場合、譲渡所得税の申告が必要となりますが、申告をするのは売却に携わった代表者のみ必要となり、税申告後に代表者のみ所得額が上がったことで住民税や国民健康保険料が例年よりも高額になり、専業主婦（主夫）の方などは扶養から1年外れることもあります。そのため、公平性を考えるのであればその点も加味して売却金額の取り分を調整しなければなりません。

一方、相続人全員の共有名義にして不動産を売却する場合のメリットは、完全なる公平性を保てる点です。相続人間での信頼関係などに問題があると、どうしても代表相続人が選べない場合もあります。

【図11】相続後の不動産売却方法

その際は、相続人全員の共有名義とし、全員が納得して不動産を売却していくこととなります。デメリットは、相続人全員で対応しなければならないため、相続人が多ければ多いほど売却時の手続きや調整に時間がかかること、その結果、売却時期が遅くなってしまう可能性があることです。そして、譲渡所得税の申告も共有者である相続人全員がしなければならないため、その分、税理士に依頼する場合は費用がかかります。

②賃貸不動産

自宅で小規模宅地等の特例が使えない場合、次に検討するのが賃貸不動産です。２００㎡を上限に評価減割合が80％ではなく50％に下がります。小規模宅地等の特例による減額割合は下がりますが、賃貸不動産は相続税計算上、評価方法が貸家及び貸家建付地評価となるため、自宅よりも評価額が下がります。

このため、自宅の路線価が低い場合は、都心で賃貸不動産を所有していれば、賃貸不動産で小規模宅地等の特例を

【図12】小規模宅地等の特例

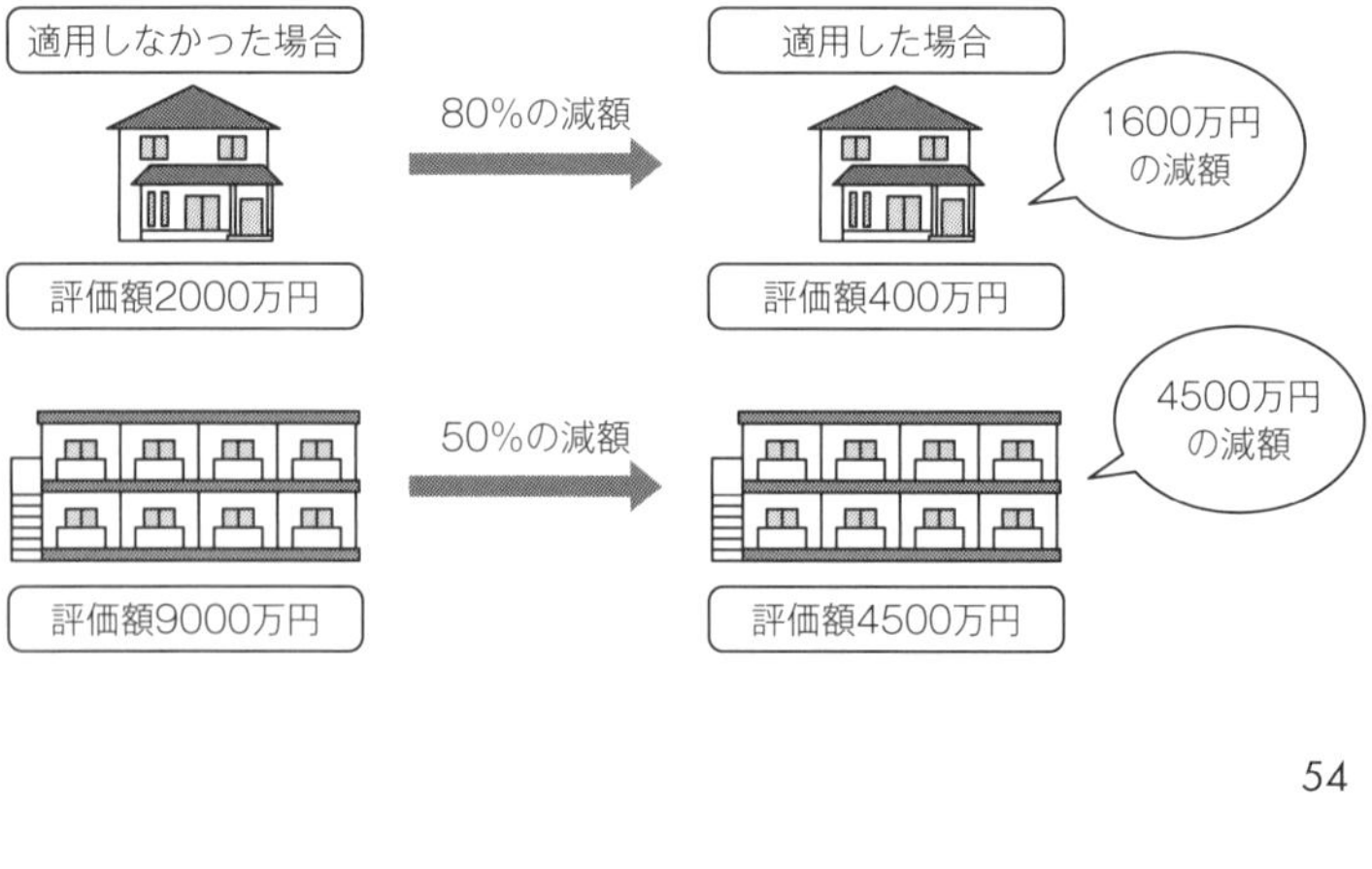

先に適用したほうが自宅で適用するよりも相続税が安くなる可能性があります。自宅と賃貸不動産の両方を所有しているお客様は、生前にどちらで小規模宅地等の特例を適用したら節税効果が高いか有利不利判定をしておくべきでしょう。

このように小規模宅地等の特例は使い方で相続税に多分に影響することが分かります。地価が高い都心5区（千代田区、中央区、港区、渋谷区、新宿区）に1棟不動産を個人1人で建てることは金銭的に難しいので、不動産業者が建てその不動産を100万円程度に小口化し、その口数を投資家が購入する「小口化不動産」という商品が昨今流行っていますが、それは、こういった相続税の節税効果が高いことが理由です。

さらに、相続後のことも考えなければなりません。賃貸不動産については、相続人である子どもがどのように考えているかを事前に話し合いながら遺していくことが大切です。賃貸不動産を相続し不動産運用をしていきたい方もいれば、不動産ではなく現金でもらいたい方、不動産の管理をしたくない方もいます。

例えば、地主家系は不動産を後世に遺していく意志が強く、子どもたちも不動産経営を身近に感じています。そのため、「不動産は代々跡取りが承継していくんだ」という意識を持っている方が多い印象です。

一方で、賃貸不動産を所有すると、毎年固定資産税がかかり、確定申告も必要です。年数が経つにつれ、空室リスクや大規模修繕による多額の金銭負担が発生するため、不動産経営に消極的な方も一定数います。

また、ローンの支払いもなく、毎月安定した収入が見込める不動産ですと、子どもたち全員がその不動産を承継したいと主張するケースもあります。その際によくある失敗事例が、誰か1人単独で相続できないならば子どもたち全員で共有相続しようという例です。

共有は子どもたち全員が平等で一見良さそうに見えますが、年月が経つにつれ、共有者それぞれの状況や事情、考え方が変わります。そのため、このまま賃貸経営をし続けるか、それとも売却するかなど、使用方法や管理で揉めることも少なくありません。

共有はコミュニケーションの問題が後々になって出てきます。例えば、兄弟姉妹間での共有の場合、兄弟姉妹であればコミュニケーションが比較的取りやすいですが、兄弟姉妹のいずれかに相続が発生した場合、叔父叔母と甥姪の関係、または従兄弟姉妹同士の関係で共有することとなります。

このようなケースでは、親族といっても日頃からコミュニケーションを取っている方は多くないのが一般的ではないでしょうか。

世代や住んでいる地域も生活状況も違う中で、一つの不動産について、売却や借入、賃貸の継続など全員が納得し意見をまとめることは非常に難儀なことです。

ご家族からお話を聞いていく中で我々専門家が感じることは、世代間の考え方の違いです。

親世代には今まで生きてきた歴史があります。

これに対して、子ども世代や孫世代には理解できないことがあります。時代も違いますし、歩んできた道も背負ってきたものも異なる中で、例えば、自分（長男）が他兄弟姉妹の生活の面倒を見たり援助をしていたからと言って同じように自分の子どもに義務を負わせてしまっているケースもあります。

一方、不動産経営を身近で見ていた子ども世代や孫世代は現実的です。親世代が考える想いの部分よりも、ローンの返済、固定資産税の支払い、毎年の確定申告、入居者が出ていった場合の原状回復や募集など、事務手続きの煩わしさや数字面での不安などを考えてしまい、不動産経営をしたくないという方が増えています。

特に、女性の相続人が不動産を承継する場合、不動産に付いている借入金まで承継することになるため、嫁ぎ先から不動産を承継することを懸念されたり、借金をそもそも負いたくないと考える方が多い印象です。

こういった状況では、親はせっかく築き上げてきた不動産を承継してほしい、子どもたちは承継したくないという齟齬が生じます。

この対策案の一つとして、商事信託という方法を取るという提案ができます。商事信託というのは、信託銀行や信託会社が受託者（財産の管理を託される者）となることで、不動産の名義、管理、借入の債務者も受託者である信託会社になります。この場合、相続人は受益者（信託財産から経済的利益を受ける者）として管理費用等を差し引いた不動産収益のみを受け取ることができます。もちろん、受託者が責任をもって不動産のキャッシュフローを確認しながらの管理や入居者の募集も行うため、管理の手間がかかりません。受託者への管理手数料はかかりますが、不動産経営に精通したプロが管理するので管理手数料を差し引いても、以前より利益が出るような方もいらっしゃいます。

相続人は不動産経営をせず、報告書の確認をし、収益が定期的に入ってくることとなりますので、負担はだいぶ軽減されます。そのため、親子間で不動産経営に対する考え方の相違がある場合は一考の価値があります。

③駐車場

駐車場も小規模宅地等の特例を適用できる余地があります。適用できる場合は、賃貸不動産同様、200㎡を限度に50％評価減となります。しかしながら、構築物としてアスファルト舗装している場合など適用できる場合は限定的なため、注意が必要です。

また、駐車場は、建物が建っていないため固定資産税が住宅と比べて高くなります。専門的にいえば、固定資産税の計算上、住宅地の課税標準の特例の適用外となり固定資産税が高く、賃貸不動産と比べれば利回りは良くありません。

一方、建物が建っていないため一般的に銀行の担保になっていません。売却という面ではメリットです。そのため、売りやすい不動産といえるでしょう。

生前に相続税の試算をすると、資産のほとんどを不動産が占めており、金融資産が少なく、相続税の納税原資を確保できない方がいます。

こういった場合、駐車場は真っ先に売却の対象予定地となります。駐車場のように何かあったときに売却できる不動産があれば、相続税の納税資金が不足した場合でも、駐車場を売却しその売却対価をもって相続税を支払うことができます。

しかし、売却できる不動産がない場合、相続税を支払うための金融資産がなければ銀行借入や延納という選択をせざるを得ません。

なお、相続税を支払うために不動産を売却する場合、当然ですが、相続税申告期限までに売却してお金を受け取る必要があります。

相続税の申告期限は、相続発生日から10ヶ月経過した日となります。そのため、10ヶ月以内に買い手を探さなければなりません。買い手が見つかった後も金額交渉や境界確定、売買契約の締結など金銭を受け取るまでに非常に時間がかかります。

そのため、間に合わせようとするあまり、買い手から足元を見られ、「本当はもう少し高い金額で売れたのに安値で売ってしまった」といった悔しい想いをされる方もこれまで何人もいらっしゃいました。

このように、不動産を複数所有されているお客様の場合は、生前に不動産を整理するお手伝いをしていきましょう。売却対象地の選定や売却価格の見積試算、境界確定を事前に行っておくなど、不動産コンサルティングは相続ビジネス上、重要なウエイトを占めます。

④空き地・山林・別荘地など

収益性のない空き地、山林、別荘地をお持ちの方もいます。背景として、1960年代～1

980年代に流行った、いわゆる原野商法に引っかかってしまった可能性があります。

そのため、こういった空き地の不動産だけを相続放棄したいというご相談もいただきます。

しかし、相続放棄をする場合は、プラス財産、マイナス財産含め、全ての財産につき、放棄をすることとなりますので、この不動産だけ放棄をすることはできません。こういった不動産を所有している方の負担を軽減するため、令和5年4月27日から相続した土地を国が引き取る「相続土地国庫帰属制度」がスタートしています。

ただ、この制度の利用に当たっては、境界が明らかでない土地は承認できないなど一定の要件がありますので、士業に相談するように案内しましょう。

この制度が成立した背景として、「所有者不明土地問題」があります。これは、相続による名義変更登記を行っていなかったり、住所が変更になっても住所変更登記を行っていなかったりといったことが原因で、登記簿を見ただけでは現在の所有者が分からなくなってしまっている土地が年々増加傾向にあり、今や社会問題に発展しています。


こういった所有者が不明な土地は、日本全国の土地の面積を合わせると九州の面積分あるといわれています。所有者が不明なままですと、行政としても利用や管理が困難になってしまい、公共事業や災害復興の妨げになってしまいます。

特に、日常生活で全く使用しておらず、かつ、固定資産税もかからないような不動産は、相続時に所有していること自体を失念してしまったり、相続登記をせずにそのまま放置してしまうことも少なくありません。

以上のような背景から、令和6年4月1日から相続登記が義務化されます。具体的には、遺産分割協議が成立した日から3年以内に相続登記をしなければならず、正当な理由なく怠れば10万円以下の過料が科される可能性があります。過去の相続登記も対象となりますので、先代名義や相続が発生している方の不動産をお持ちの方には相続登記のご案内をしていくようにしましょう。

以下、ご提案をする上での個別論点を簡単にまとめましたので参考にしてください。

イ）空き地

空き地の場合は、近隣の方に買い取ってもらえるよう当たってみたり、業者の資材置き場として賃貸し、せめて固定資産税分だけでも収益を得るよう努めましょう。

ロ）山林

山林は、土地所有名義はそのままに立木（山に生えている木）だけを材木店に買い取ってもらう方法もありますし山林の土地ごと買い取ってくれる場合もあります。地元の材木店に連絡をしてみるのもいいでしょう。

ハ）別荘地

別荘地は、エリアにもよりますが、昔は管理も行き届き綺麗な場所でしたが今は草木が生い茂り見る影もない、といったケースも少なくありません。別荘地についてもなかなか売却は難しいですが、地元の不動産業者に頼んで売却してもらう方法と、まれに企業が保養地を探しており安く別荘地を買い取りたいと言ってくる場合もあります。そういった場合にも備え、専門の不動産業者に相談の上、上手に売却できるよう動いていきましょう。また、お金を支払うことで、不要な不動産を引き取ってくれる民間の不動産業者もいます。

（2）有価証券

①投資商品（上場株式、投資信託等）

有価証券とは債券や株券、投資信託などの総称です。

老後2000万円問題などが少し前から話題となり、日々の給与や退職金だけでは心もとないと感じる方が増えました。書籍や新聞、ニュースでは、運用を行い今ある元手をもっと増やしていきましょうという価値観が浸透してきたのが令和の時代ではないでしょうか。

それほど有価証券に詳しくない方でも、NISAやiDeCoを活用している方も多くいらっしゃるかと思います。しかしながら、どちらかといえば、男性のほうが投資に積極的で、女性は消極的なように思います。

そのため、夫の財産を妻が相続する際、有価証券ではなく金銭でもらいたいと思い、相続をきっかけに有価証券を売却して金銭にて承継される方も少なくありません。有価証券を売却して承継する場合は、相続発生後、証券を相続人の名義に変更して売り時を考えて売却される方は少なく、相続の手続きと同時に売却手続きを行ってしまいますので、実際には損になっているケースもあります。

そのため、相続する予定の方が証券に興味がない場合や値動きが激しい有価証券は相続する方が困らぬよう、損しない頃合いを見て生前に処分をしておく、興味がない方でも維持しやすい商品に組み換えをしておくなど、家族で運用方針をすり合わせておくといったことが必要でしょう。

投資商品、特に多い上場株式や投資信託については不動産と異なり、亡くなった方が個人的に資産形成や娯楽として行われていることもあり、相続人はどこの証券会社にどういった商品を持っているか知らないことがあります。

このような場合は、郵送で届く取引残高報告書（証券会社から送られてくる、本人の一定期間における取引及び残高を報告するための書類）やほふり（証券会社から預けられた投資家の株式などを集中保管し、名義書き換えや売買に伴う受け渡し、発行会社への株主通知などを行う「証券保管振替機構」の略称）で調べます。しかし、ほふりでは商品の保有状況は分かっても、証券会社での預り金や単元未満株は記載されず分かりません。

そのため、相続手続きが終わったと思ったら、後から書類が届き、証券会社での預り金や単元未満株の存在が分かり手続きに追加対応しなければならないケースもあります。

また、配当金については、株の銘柄、投資信託の種類ごとに信託銀行が管理しています。一般の方々にとって馴染みが薄いためか、有価証券の所有銘柄が多いと、一つの証券会社であっても手続きをする信託銀行がいくつもあり驚かれます。手続きが煩雑になるため、あまりの書類の多さに頭を抱えてしまう方もいらっしゃいます。

投資商品を沢山お持ちの方が亡くなった場合は、ご家族自身で相続手続きをされる方は少なく、司法書士などの専門家に依頼をするケースが多くなります。

さらに、相続税という観点で注意するポイントは、不動産と異なり、有価証券は時価で評価されるため、相続税対策にはならないということです。

資産の多くを有価証券で保有している場合、時価に対して相続税が計算されますので、納税のための現金がないと結局のところ有価証券を売却しなければなりません。

日常であれば、有価証券を売却することは簡単にできます。しかし、相続税の申告期限までに有価証券の売却資金で納税しようと思うとなかなかタイトなスケジュールとなります。

後述しますが、相続税申告は、10ヶ月という期限がありますが、通常、相続手続きは四十九日が経過してから開始される方がほとんどです。そのため、この時点で残り8ヶ月です。それから、戸籍収集、財産調査を始めていきます。戸籍収集や財産調査に少なくとも2~3ヶ月かかり、残り5ヶ月ほどになります。そこから相続税額を計算し相続人全員が納得できるような遺産分割の内容を検討し、内容が決定次第、遺産分割協議書を作成します。相続税を計算する税理士にもよりますがここまでで3ヶ月ほどかかった場合、残り2ヶ月しかありません。

ここでやっと有価証券の相続手続きに移ることができます。

有価証券を売却する場合の相続手続きとして、売却するための口座作成、売却手続きと2～3ヶ月程度はかかりますので、遺産分割協議に時間がかかると申告期限までに納税するためのお金が手元にない状況になってしまいます。

想定していた時価で売却できれば御の字ですが、値動きが激しい有価証券の場合は、実際の売却時の時価が想定した時価と乖離しないかどうかもそのときになってみないと分からないため、納税資金として有価証券を活用する場合は不確定要素が強くなります。

こういったことを考えると、生前に売却しておくのが無難かと思います。

②非上場株式

非上場株式とは、簡単にいうと、証券取引所で売買ができない会社の株式のことです。実は日本企業の99%は非上場会社です。

非上場株式は、不動産と同様に、価格などの条件面で折り合いがつけば当事者間での売買は可能ですが、株式を売買できる証券取引所のようなマーケットがない上、大企業と異なり、中小企業では、購入した株式代金の資金回収が不確実なため、買主は限定されるのが実情です。

非上場株式を考えていく上で、経営者として所有しているケースと、それ以外のケースで分かれます。

経営者として所有しているケースでは、会社経営のため50％超～１００％株式を保有しているかと思います。この場合は、いわゆる事業承継にて子どもに承継するケースがほとんどなので今回は割愛します。

それ以外のケースとしては、例えば、複数人で会社を立ち上げたり、親族が会社経営に携わり、結果として、10％～30％以下の少数の株式を所有している場合です。

本来であれば、会社の株式が分散し経営に支障が出るため、その会社の経営者が買い戻すことがほとんどですが、資金不足など何らかの理由で買い戻すことができず時間が経ってしまい、そのまま所有しているケースもあります。

いずれにせよ、非上場株式は市場がないため売却が難しく、もし売却したい場合は買い手を直接見つけるしかありません（基本的に買い手は当該会社かその経営者です）。相続の名義変更手続きや買い手を見つけるにも時間がかかってしまうこともありますので、所有者が生前に処分時期を決めて対応していくことが重要です。

実際に売却される際は、非上場株式がいくらで売却すべきか非常に計算が難しく、適当な価額でやり取りしてしまうと後々になって税務署から指摘される恐れもあるため、専門家に依頼することを強くお勧めします。

（3）預貯金

一般的に、一番身近な相続財産が預貯金でしょう。相続が発生すると口座が凍結されてしまうため、葬儀代くらいは引き出しておいたほうがいいと聞いたことがある方も多いのではないでしょうか。

口座凍結については、役所に死亡届を提出したら自動的に凍結されてしまうと思い込んでいる方もおりますが、実際は、相続人からの連絡、残高証明書の依頼が、銀行へ死亡の事実が伝わり凍結をするきっかけとなります。

地方銀行や信用金庫は、新聞の訃報欄・死亡広告によって把握することもあります。凍結してしまうと、遺言書もしくは遺産分割協議書を提出して相続手続きをしなければ預貯金はおろせません。

銀行に死亡の事実を伝えなければ、凍結させずに口座を自由に使うことはできますが、私たち専門家は預貯金を引き出さないよう案内すべきです。相続発生後に出金をして使用した場合でも、出金した相続人の相続分の範囲内であれば、対処方法として先払いを受けたものとして精算することで、トラブルを回避できるでしょう。

ただし、自身の相続分を超えて出金してしまうと、他の相続人から出金したことについて追及され、トラブルになります。さらには、出金したお金の使途が不明な場合、使い込みを疑われてしまい相続人間の関係性がますます悪化します。また、相続財産よりも借入金などの債務が多い、いわゆる債務超過の相続では、出金し使ってしまった場合、相続放棄ができなくなってしまう可能性があるため注意が必要です。

死亡後の預貯金の引き出しも注意が必要ですが、預貯金に関してよく相談を受けることが、生前の引き出しです。相続発生後には、葬儀や納骨、お布施など様々なお金がかかります。そのため、「生きているうちに現金の用意をしておかないと、亡くなった後に預貯金が凍結されてしまう」と心配し、ある程度まとまったお金をおろす方も多いです。

この場合の注意点は、まず、おろしたお金も手許現金として相続税の課税対象となることです。専門家に相談するタイミングでは既に手許現金は葬儀費用などで使い切ってしまっているかと思います。ただし、相続税計算の際は、相続発生日時点の財産なので、相続発生日時点では葬儀のために保管していたであろう手許現金も相続財産に含まれます。なお、葬儀費用は財産から控除できるので、実務では葬儀のために引き出した手許現金と葬儀費用でプラスマイナスゼロになることが多いです。

そして、当然ですが、おろしたお金を葬儀費用含め何にいくら使ったのかが分かる請求書・領収書などの根拠資料をきちんと残しておかないと相続人同士でのトラブルに発展することもあります。根拠資料を整理し相続が落ち着いたら相続人間で共有するよう案内しましょう。

①預貯金口座が多い場合

相続発生後の預貯金について、相続人が把握していないケースや後から口座が発見されるケースもあります。

マネーロンダリングの問題から銀行口座の開設が近年厳しくなりましたが、以前は一つの金融機関に複数の口座を開設することが可能でした。バブルの崩壊時期に金融機関が倒産した苦い思い出からペイオフを気にされ、複数の金融機関に預貯金を分けて預け入れをしている方も多くいらっしゃいます。

預け入れている金融機関が沢山あると、各金融機関への連絡、書類の記入、郵送のやり取りや窓口訪問といった手続きが金融機関の数だけ発生します。お仕事をされている相続人の方ですと、平日にこういった時間を取ることは難しいのではないでしょうか。

残高がゼロに近い口座や何年も使っていない口座は生前に解約をして口座をまとめることで、相続人の負担を軽減させることができます。一般的には、口座は3行くらいで十分ではないでしょうか。

若い方は管理する手間が増えるため口座は少ない方も多いですが、年配の方は金融機関の将来を危惧して口座が多い、こんな点からも世代間の価値観の違いが見受けられます。

②預貯金口座が不明な場合

子どもにどこの金融機関に預貯金口座を持っているか伝えていないと、子どもがあるかどうかも分からない預貯金口座を探すことになります。

親が金融機関の貸金庫を借りていたからと、相続が発生してから貸金庫を開けてみると、そこに通帳を保管していて新たな口座が見つかったというケースもあります。なお、相続発生後に亡くなった方の貸金庫を開けるためには、相続人全員の署名と実印での押印を求める金融機関がほとんどです。

このように、どういった財産があるか把握するため、家を探し回ったり、貸金庫を開けたりして後から口座などの財産が見つかることもあります。

しかしながら、最近はネットバンキングやWEB通帳が増え、郵送物だけでは全財産の把握は難しくなりました。金融機関からの郵便物があればそれをヒントに金融機関の当たりがつきますが、そういった糸口がない場合は、たとえ専門家であってもどこに口座があるか調べることはできません。

専門家は、口座を探す際は、亡くなられた方の住所地周辺の金融機関にいくつか当たりをつけて預貯金口座がないか照会をかけます。当たりをつけた金融機関一行一行に確認をすることとなりますので、時間と労力がかかってしまいます。

こういったことにならないよう、生前に通帳の保管場所や金融機関口座を家族に伝えておく、ログインIDやパスワードは家の金庫や貴重品入れなどの然るべき場所に保管し何かあればここを見るよう家族に伝えておくことで、先述したトラブル回避ができるでしょう。

相続税の申告をされた方で、しばらく時間が経った頃に、税務署から「口座が他にもあるので修正申告をしてください」と、連絡が入ることがあります。

その連絡の通り、金融機関照会をするとなんと相続人が誰も知らなかった口座が見つかったのです！　その結果、修正申告を行い、財産が増えた分追加で相続税を支払うことになりますが、「口座を見つけてくれてありがとう」と税務署に感謝される方もいらっしゃいます。こんな笑い話を交えながら、生前に家族と口座を共有しておくよう、アドバイスするといいでしょう。

③名義預金

名義預金とは、夫が妻や子どもや孫名義の通帳でお金を貯めている口座を指します。よくあるケースとして、例えば、孫の将来の大学入学費用や結婚資金のために孫名義の口座を作り祖父母が預貯金をしているケースや、収入がない専業主婦が夫の給料を自分名義の口座で管理、または、夫の給料から一定額受け取り毎月上手にやり繰りした結果残ったお金を妻名義の口座で貯金しているケースが実務でよく見受けられます。

最近は相続のときにこの名義預金が問題になると知っている方も増えた印象です。民法上、夫が給与として得た金銭は、あくまでも夫が個人として勤務先から得たお金なので、夫の固有財産となります。そのため、名義預金は、他人の名義を借りているだけであり実質的にはそのお金を出した方の財産とみなされ、相続税の課税対象となります。

名義預金は、口座名義の名前とお金の持ち主が異なるため、相続財産から漏れやすくなります。そのため、税務署は目を光らせており税務調査の対象になりやすく、注意が必要です。自分たちの財産規模なら税務署も言ってこないだろうという方も時折いらっしゃいますが、税務署はそんなに甘くありません。故人の口座だけに気を取られていると名義預金を見落とす可能性もあるので、故人の生前のお金の動きを過去に遡って確認しないと気付けません。

以前、筆者が実際に出会った事例では、銀行員から、「お孫さん名義で通帳つくって毎年贈与の金額を振り込んでおけば相続税対策になりますよ」とアドバイスされ、10年以上、孫名義でお金を積み立てていたケースがありました。

これは明らかに名義預金です。相続対策で怖いのは無知を知らずに良かれと思って間違った提案をしてしまうことです。後々トラブルにならないよう、日頃より相続に関する勉強をしておく、法改正や判例などの情報をキャッチできるようにアンテナを張っておく、税務や民法などの法律に関するアドバイスをするときは、必ず専門家に相談する、といったことが大切です。

(4) 生命保険

死亡を原因として保険金が支払われる生命保険契約は、終身保険・養老保険・定期保険などがあります。

契約者と被保険者が同一の契約において、契約者が死亡した場合は受取人に死亡保険金が支払われます。死亡保険金は500万円×法定相続人の金額までは非課税となり、その金額を超えた部分は相続税の対象となる財産となります。財産が基礎控除を少し上回る方は預貯金から保険に組み換えることで基礎控除以下になるため生命保険を上手に活用しましょう。

それ以外にも、死亡保険金を年金形式で受け取る保険契約は、相続時は相続税の対象、年金を受給している間は雑所得として所得税の対象となります。

契約者と被保険者が異なる契約では、契約者が死亡した場合は保険金が支払われないため、契約者が死亡した時点の解約返戻金相当額が相続財産となります。死亡保険金がおりないので相続財産から失念しやすく、相続税申告の際は注意が必要です。

このように、保険は契約者、被保険者、受取人と複数の人物が絡むため、利便性と複雑さが混在します。保険を上手に活用することで、相続で重要な役割を担ってくれるため、相続に詳しい保険募集人から保険加入することをお勧めします。

①遺留分対策・代償金として準備

保険は相続財産に該当しない、ということをご存じの方は多いのではないでしょうか。基本的なことですが、保険は、民法上、相続財産には当たりません。しかし、税務上はみなし相続財産に当たりますので、民法と税務で分けて考える必要があります。

具体例で見ていきます。


【具体例】

相続人が長男と二男2名

長男に自宅を承継させたい
自宅：4500万円
預貯金：500万円
保険金：1000万円
財産合計：6000万円
法定相続分：長男・二男共に1／2
遺留分：長男・二男共に1／4

例えば、遺言書で「自宅を長男へ相続させ、預貯金を二男へ相続させる」といった内容を記載したとします。保険契約は原則遺言書に記載しないため、別途、保険金の受取人を二男に設定したとしましょう。

全体の財産額6000万円の分け方を見ると、長男が4500万円、二男が1500万円を受け取ります。割合としては、長男3／4、二男1／4なので遺留分を満たしているように見えます。

しかし、遺留分の算定では、保険は相続財産には当たりませんので、相続財産が6000万円ではなく5000万円として見られます。そのため、長男4500万円、二男500万円となり、割合は、長男9／10、二男1／10となります。これより、二男は遺留分に抵触する1／4（5／20）―1／10（2／20）＝3／20（5000万円×3／20＝750万円）を長男に請求することができます。

長男は自宅しか承継していないので、お金を工面することは非常に難しいといえるでしょう。なにより、長男と二男のバランスを考えてせっかく遺言書を作成したのに、自身の想いの実現ができません。

このような場合、対策案として、保険の受取人を二男から長男に変え、遺言の内容を「自宅を長男へ相続させる」にするといった方法があります。預貯金を二男へ相続させ、長男は代償金として二男に750万円を支払う。このようにすれば、長男は自宅4500万円、二男は預貯金500万円＋代償金750万円の1250万円となります。

もちろん、長男が二男へ支払う750万円は保険金を充当できるため、支払うことは容易でしょう。そして、遺留分という観点からも、5000万円の1／4である1250万円を二男に相続させることができるので、二男は遺留分を請求することはなくなるでしょう。

なお、実際は、遺留分の算定では不動産を時価で計算するため、不動産の算定額で揉めることが多く、不動産がある場合の遺留分については専門家に相談しながら対策をすることをお勧めします。

さらに、保険を使うと遺留分侵害額を減少させることも可能です。どういうことか具体例を見てみます。

【具体例】

相続人が長男と二男の2名
長男に全ての財産を承継させたい
自宅：3000万円
預貯金：2000万円

5000万円の相続財産について遺留分の計算がされ、5000万円×1／4＝1250万円が遺留分侵害額となります。この場合、預貯金2000万円のうち、1500万円について保険に入り、受取人を長男としておくと、自宅3000万円＋預貯金500万円＝3500万円、3500万円×1／4＝875万円となり、長男は受け取った保険金1500万円から遺留分侵害額を二男に払うことができます。

なお、相続財産に比して保険の加入金額があまりにも過大な場合は、保険金も含めて遺留分を認めた判例もあります。例えば、相続財産が1000万円で1億円の生命保険に加入していた場合、生命保険も遺留分侵害額請求の対象になる可能性が高くなります。そのため、遺留分対策として保険を検討する場合は注意が必要です。

(5) 財産別分析のまとめ

年代ごとに考えるポイントは異なりますが、資産形成内容は家族状況、将来のライフプランによっても相続の専門家として提案内容は変わってきます。あくまで参考程度に見ていただければと思います。

最終的には、木を見て森を見ずにならないよう、全体を見ながら承継を考えることが大切といえるでしょう。

参考までにコンサルタントになるために分かっておいたほうがいい各世代の論点を以下に記載します。

各世代におけるライフプラン上の論点整理

（1）家族関係

①子どもが複数いるケース

まず、子どもが複数いる家族は、本人の資産状況と併せて、子どもの生活状況や子ども間の関係性に留意する必要があります。特に複数いる子どものうち、子どもが同居している場合や特定の子

【表3】各世代におけるライフプラン上の論点整理

	50代	60代	70代	80代
家族	子どもの学費 親の介護	親の介護・相続	子供との同居や老後の生活環境の検討	
健康	将来を考えた健康管理 元気なうちに介護保険などへの加入検討	認知症予備軍	病気リスク	介護・病気のリスク
実家（自宅）		実家の承継や空き家の問題	空き家にならないよう処分・承継先の決定	
金融資産	老後資金を考えた資産形成	老後資金の準備	口座をまとめる 相続税の納税原資	相続税の納税原資 月々の介護入院費用 収支状況の改善

どもにのみ資金援助をしている場合、子ども間の公平性が問題となってきます。

例えば、子どもが長男と二男の2人のケースを見ていきます。

長男が親と同居し、仕事も調整しながら親の介護を献身的に行っている、といった状況では、両親からすれば負担をかけてしまっている長男に財産を多めに渡したいと考えるのではないでしょうか。長男自身の気持ちとしても、いくら親のためとはいえ、自分にばかり介護の負担がかかることに、二男に対して思うところはあるでしょう。

また、長男だけが医学部に進学して二男は高卒で働いている、兄弟のどちらか一方にだけ多額の援助をしているといった場合も兄弟間での不公平感が出てしまいます。更に、前項でも触れましたが、世代によって財産承継の仕方の感覚は異なっています。

もちろん、これまでの生活状況や子どもたちの関係を伺ったからといって、コンサルタントが最初から決め付けるようにアドバイスしてはいけません。例えば、「長男は介護を手伝っていますから多く財産を残しましょう」とコンサルタントの口から先に話してはいけないのです。こういったことを伺い、その結果、「どうされたいですか？」と投げかけをし、本人に頭の中を整理してもらい答えを自ら出してもらうことがポイントです。お客様満足度の向上にも繋がることでしょう。

家族の背景を配慮し、家族みんなが、そして、財産を遺す本人が納得するかたちの相続ができるようサポートをしていくことが大切です。

②子ども1人のケース

子どもが1人のケースでは、将来的に必ずその子どもが相続するので、相続問題はほとんどありません。しかし、相続税対策は少し難儀です。なぜでしょうか。

それは、子どもが1名の場合は相続税の基礎控除額が低いため、一定額の財産をお持ちの家庭は、相続税の対策を考えないといけないからです。

先述した生命保険を使っても基礎控除を大幅に超えてしまう場合、例えば、養子縁組という方法もあります。戸籍に影響する、名字が変わってしまう、など心情的な面から敬遠される方もまだまだ多いですが、孫と養子縁組をして相続人の数を増やせば相続税が大きく下がるので金額でどれほど下がるか一度相続税への影響を見ていきましょう。

【具体例】

相続人：子1名
相続財産：2億円
基礎控除額：3000万円＋600万円×1人＝3600万円
2億円―3600万円＝1億6400万円

この場合、1億6400万円について相続税がかかってきます。
相続税額：1億6400万円×40%―1700万円＝4860万円

例えば子の配偶者を養子縁組した場合、

相続人：子２名

相続財産：２億円

基礎控除額：３０００万円＋６００万円×２人＝４２００万円

２億円－４２００万円＝１億５８００万円

１人につき、

１億５８００万円×法定相続分１／２＝７９００万円

相続税額：７９００万円×30％－７００万円＝１６７０万円

１６７０万円×２人＝３３４０万円

相続税額は、養子縁組をしてない場合４８６０万円－養子縁組をした場合３３４０万円＝１５２０万円の差額が出ます。

民法上は、何人養子縁組をしても養子として扱われますが、税務上は、実子がいる場合、養子は１人まで、実子がいない場合でも２人までと決まっています。相続税の計算上、養子縁組をすればするほど相続税が下がるというわけではないので注意が必要です。なお、この点を理解した上で、孫が２人以上いる場合は、孫を区別しないため、孫全員を養子にする方も中にはいらっしゃいます。

とはいっても養子縁組のハードルが高い場合は、生前贈与や借入を使った不動産購入など、積極的な節税対策も検討していきましょう。

③子どもがいないケース

初婚年齢の高齢化、価値観の多様化や経済環境の影響等により、子どもがいない夫婦が増えています。

子どもがいない夫婦で、もし相続が発生してしまった場合、相続人は配偶者と両親になります。しかし、親は年齢から考えて、自身より先に亡くなっているケースがほとんどですので、この場合は相続人が配偶者とその亡くなった方の兄弟姉妹となります。

このとき、配偶者は兄弟姉妹と相続財産の分け方について話し合いをしなければなりません。

実際は、こういった場合、夫が自分亡き後の妻の生活を心配し、「自分の財産を全て妻に渡したい」と思っていることがほとんどでしょう。ただ、自分はまだ元気だから遺言はまだ作らなくていいと、つい、先延ばししてしまいます。

その結果、遺言がない状態で相続が発生してしまい、法定相続人である、配偶者、兄弟姉妹全員で相続財産の分け方を話し合わなければなりません。

夫が亡くなった後に、妻が夫の兄弟姉妹と財産の分け方について話し合いをすることは妻にとって精神的にハードルが高いのではないでしょうか。

さらに、兄弟姉妹となると、亡くなった方と同年代の方が多く、中には判断能力が低下している方もいれば、寝たきりになっている方もいます。そうすると遺産分割協議が進められなくなり、遺産分割協議を進めるために法定後見の申立てをして後見人を付けることとなります。兄弟姉妹が先に亡くなっている場合は、配偶者にとって交流が希薄な甥っ子、姪っ子が相続人となります。昔の方は兄弟姉妹が多かったので、相続人が10人以上となり、話し合いが思うようにまとまらない、といったことも危惧されます。

こうならないためにも、遺言を作成し、原則、「配偶者に全財産を承継させる」こと。そして、面倒を見てくれた一部の相続人にも感謝の気持ちを伝えたい場合は、その方にもいくらか金銭を渡すことを追記するといった対策案が考えられます。

兄弟姉妹には遺留分という、法律上認められた最低限度の相続分はありませんので、遺言者が兄弟姉妹に相続分を渡さない内容の遺言を作成しても、兄弟姉妹から遺留分侵害額の請求をされることはありません。そのため、遺言の作成は必須といえます。

④独身のケース

いわゆる「おひとりさま」のケースです。

独身者が相続に備えて考えなければいけないことは、面倒を見てくれる親族が近くにいるかどうかです。独身者にとって近しい親族は兄弟姉妹や甥姪でしょう。

自分が亡くなった後に、死亡届を提出したり、火葬、葬式、納骨や家財の処分などをやってくれる親族がいない場合、代わりとなる業者や頼める知人を探しておかなければなりません。お願いできる方がいないと、遠い親戚や縁故者、そういった方がいなければ、ご近所の方やマンションの管理組合、管理会社の方などが相続手続きに対応することとなり、死後、迷惑をかけてしまいます。

おひとりさま向けに便利なサービスがあります。それが死後事務委任契約や見守り契約です。死後事務委任契約とは、死亡時の病院への駆けつけ・ご遺体引取りから、葬儀、お墓、遺品整理、役所の手続きや各種契約の解約、費用の清算など死亡後に必要な様々な手続きを家族に代わって行うサービスです。

見守り契約とは、定期的な安否確認を行い、緊急時には現場への駆けつけを行う、いわゆる、見守りをしてくれるサービスです。

こういった高齢の独身者にとっては使い勝手が良いサービスの利用も検討してみましょう。

また、財産の承継者も決めておきましょう。兄弟姉妹がいる場合は、兄弟姉妹に財産をお渡しすれば良いのですが、兄弟姉妹もいない方はよくよく考えなければなりません。

兄弟姉妹といった法定相続人がいない場合、内縁関係者や生前面倒を見ていた方などの特別縁故者を探します。しかし、そういった方もいない場合、財産は国庫に帰属することとなります。簡単に国庫に帰属するといっても、帰属させるための手続きをする人がいないとできません。手続きする方がいないため、相続人がいない空き家が放置され近隣住民が困っている事例も散見されます。

自分が死んだ後のことまで考えたくない、考えるのは面倒だという気持ちは分かりますが、地域や近所の方に迷惑をかけないことは人としての最低限のマナーでしょう。

せっかく本人が築いてきた財産ですので、本人の想いが反映されるよう寄付をするという方法もあります。世の中を少しでも良くするお手伝いをしたいという社会貢献意識が年々浸透し、肌感覚ですが、寄付をする方も増えてきたように感じます。

寄付をする財産は、寄付先にもよりますが、現金のみの受付の団体がほとんどです。不動産は寄付団体が管理できないためです。不動産をお持ちの方は、相続後に現金化して寄付できるよう、専門家を交えながら、遺言を作成し、遺言執行者を指定しておきましょう。

⑤離婚しているケース

最近は離婚後に再婚される方が増えています。長寿化の流れで晩年ずっと孤独は寂しいと考えるようになったのでしょうか。

この場合の相続での論点は、前妻との間に子どもがいるかどうかです。本人が亡くなると、前妻との間の子どもが、後妻と一緒に遺産分割協議をしなければなりません。往々にして、前妻との間の子どもは、後妻と交流がないケースが多いため、家族のためを思えば、遺言の作成は必須です。

ただし、遺言を書く上でも注意点があります。それは、夫は自分が亡くなった後の生活を心配して、「全財産を後妻に相続させる」といった内容の遺言を書いてしまうことです。

このとき、その遺言を見た前妻との間の子どもはどう思うでしょうか。「自分は愛されていなかったんだ……」「結局今の奥さんに財産が渡ってしまったら自分は何ももらえない、だったら最低限子どもとしての権利分はもらいたい」と思い、遺留分の請求を行うといったこともあり得るでしょう。

こうならないためにも、遺留分相当額の財産を渡したり、付言（遺言書の最後に書くメッセージ）に、どういう想いでこの遺言の内容にしたかを残したりすべきです。後妻の生活を考えてこの内容にしたけれども、子どものことも決してないがしろにしているわけではなく大切に想っている、ということが伝わるメッセージを遺すべきです。誰か1人だけではなく、相続人全員の気持ちを考えた遺言を作成することが大切になります。

そうすれば、遺された方々が、故人の想いを尊重しよう、といった気持ちになることでしょう。

⑥会社経営しているケース

会社経営をしている方のご相続で一番大切なことが、後継者は誰かということです。会社の承継方法には大きく分けて三つあります。

1．親族への引き継ぎ
2．従業員への引き継ぎ（ＭＢＯ）

3. 会社の売却（MA）

この中で相続のときに問題になってくるのは、1. 親族への引き継ぎです。子どもたちの中から1人に会社を引き継ぐ際は、後継者にならない他の子どもとの間でトラブルにならないよう対策が必要です。

中小企業の場合、事業に必要な資産について、経営者が個人所有していることがあります。会社の株価が高い中、対策せずに経営者に相続が発生した場合、自社株式も亡くなった方の相続財産となります。そのため、自社株式も相続人間で遺産分割の対象となります。

このとき、どういった問題が起こるでしょうか。もし自社株式を後継者以外の方が相続してしまうと会社の経営がスムーズに進まなくなります。相続後の経営に影響が出てしまうことを避けるため、後継者は、自社株式、そして、事業用資産を相続したいと他の相続人に主張するでしょう。しかし、他の相続人は残りの財産となってしまうため財産額を見て「不公平だ」と主張して多額の代償金の支払いを求め、相続トラブルに発展することが懸念されます。

このように、他の相続人とのバランスや会社経営をする上で必ず必要になってくる資産の整理などを事前にしていく必要があります。

（2）各世代別のライフプラン整理のまとめ

親は跡継ぎである長男に財産のほとんどを渡したいと考えていても、子どもたちからすると平等にもらいたい、または、長男も自身が多く財産を承継したいとは考えていないケースもあり、親子間で齟齬が出てしまうことも少なくありません。

親の希望と子どもの希望に齟齬がある場合、遺された家族も困ってしまいますので、できる限り家族で話し合ってみんなが納得できる落としどころを見つけましょう。家族というのは近しい存在ゆえに歯に衣着せぬ言い方となり感情的になってしまいがちです。そんな間を取り持つよう、我々専門家が第三者として間に入り、交通整理するだけで当事者は冷静になります。それほど難しい相続知識を持たずとも、活躍できる場面は沢山あることでしょう。

「同居家族がいる場合」のページで「争続」とならないために遺言を、と触れましたが、もっと言えば、生前での家族関係の構築のほうが重要です。子どもたちの間で相続する財産が不平等だったとしても、親子関係、兄弟姉妹関係が良好であれば通常は争続とならないはずです。争続になる家庭は、家族関係に何かしらのしこりがある場合がほとんどです。

子どもたちにより良い生活を送ってほしい、幸せになってほしいという想いで、親は財産を残すことでしょう。それなのに、財産を残したことがかえって争いの火種になってしまうのは親として非常に悲しい限りです。

こうならないためにも、日々の生活を通じて、家族で会話を重ねる、家族で食事や旅行に行くなどして家族の絆を深め合いましょう。この世に一つしかない家族なのですから。こんな些細なことが最大の相続対策なのかもしれません。

第二章

私たちが目指したい相続コンサルティングとは?

相続コンサルティングという言葉は、「相続」＋「コンサルティング」という造語ですが、コンサルティングとはどのような意味でしょうか？

『デジタル大辞泉』（小学館）によると、「コンサルティング」とは「専門家の立場から相談に乗ったり指導したりすること。また、企画・立案を手伝うこと」とあります。

それを踏まえて筆者なりに解釈すると、「相続コンサルティング」とは、「相続の専門家としての立場から相談に乗ったり指導したりすること。お客様家族に寄り添って、将来の企画・立案を手伝うこと」ではないかと考えます。

歴史的背景や世代間の思想の違いを考慮する

それにはこの国の歴史も絡めて考える必要があると考えています。

日本という国は、明治以降に家督相続制が規定され、その地位も長男によって世襲されることになりました。明治31年の民法制定により家制度が確立すると、家督に当たる戸主権の制度が成立しました。

現戸主が次戸主となる家督相続人を指名しますが、最も大切なことは直系家族の維持（家の存続）でした。そのため、子のうち親との年齢差が最も少ない長男を家督相続人に指名することが父系的な継承の維持にとって最も合理的と考えられ、直系卑属に当たる長子（一般には長男）が相続することが推奨されることになりました。

　しかし、第二次世界大戦後、日本国憲法が施行された１９４７年には、民法が大規模に改正され、家督相続制が廃止されて、平等に相続権を認めることに規定が改められました。

　家督相続制という環境の中にいた親に育てられた世代までは、法律では平等となっていても、「長男が家を継ぎ、それ以外の兄弟は

【図13】

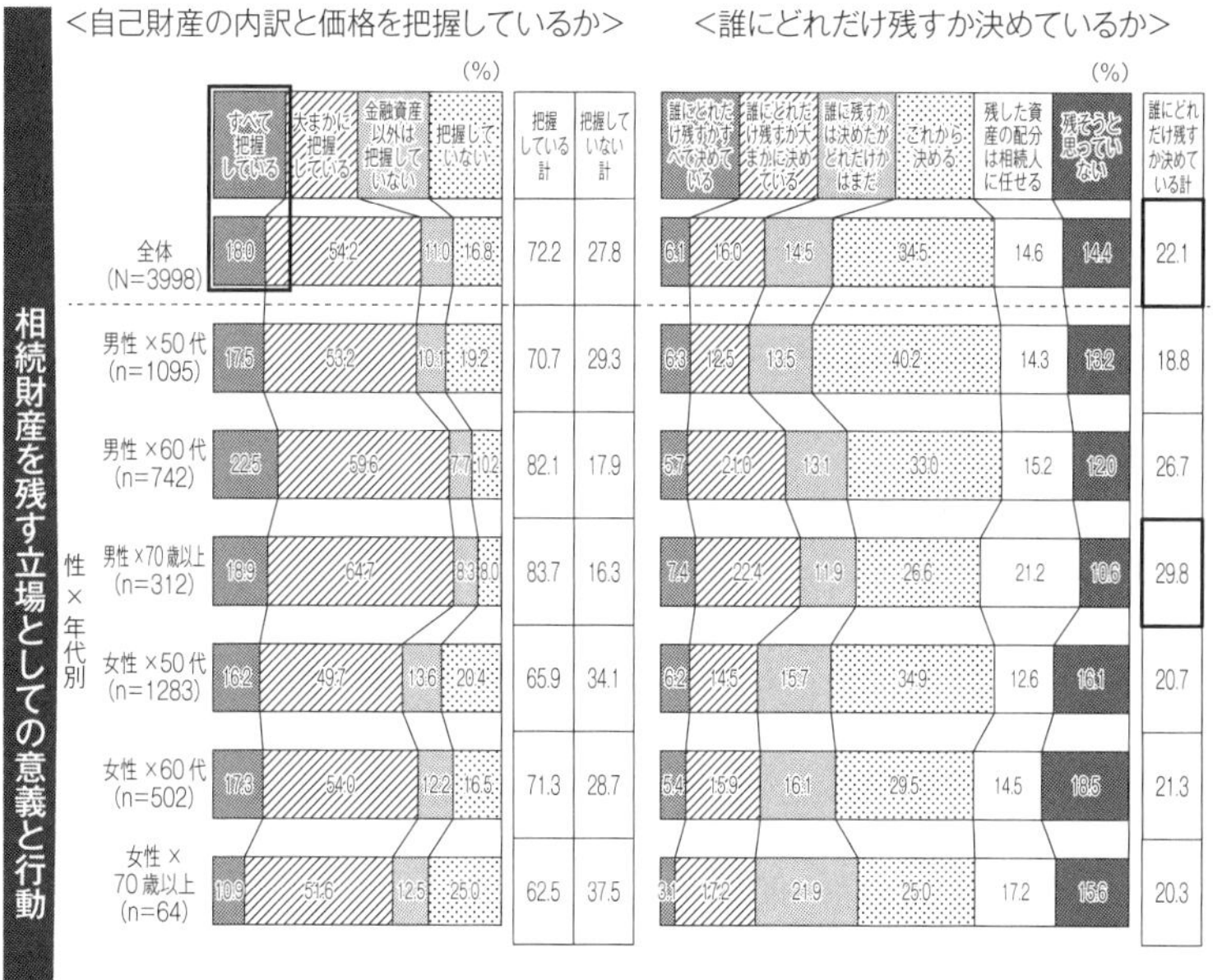

・相続財産を残す立場として「自己財産の内訳と価格を「すべて把握している」人は全体の2割弱。男性の60代以上でも2割前後に留まる。
・自己財産を「誰にどのぐらい残すか」決めているのは全体の2割強。男性は年齢の上昇と共に「決めている」が増え、特に70代では3割。

出典：「相続に関する意識調査 調査結果報告書」（一般社団法人 信託協会 2012年８月）

家を出て独立する」ということが当たり前と考えている人が多く、特に団塊世代が一つの潮目になっているというのが筆者の肌感覚です。

そして「団塊世代より下の若い世代」では、相続権は平等に得られるものと考えている人が大半です。

少し古い調査報告ではありますが、2012年8月に一般社団法人 信託協会が公表した「相続に関する意識調査 調査結果報告書」によると、誰にどれだけ遺すか決めている割合は、70代以上男性で約30%、女性では約20%でした。

様々なアンケート調査を見ていくと、親世代では「トラブルが起こる心配はない、ウチは仲が良いから大丈夫」という選択肢に偏りが非常に多いです。しかし、この選択肢の裏には「面倒なことは考えたくない、残った家族に任せる」という相続問題を避けたいという気持ちが見え隠れします。

一方、相続を受ける子ども世代は、親世代が方針を決めないままに相続を迎えると、お互いに相続権を主張し、争う状況にもなることを危惧して、早めに方針を決めてほしいと考えています。

私たち専門家は、「早めに親子や家族で話し合いをして方針を決めてください」というアドバイスをすることが多いのですが、この「話し合い」の場を持つことが難しいということは、筆者も自分の家族に置き換えて考え、認識しています。

「相続の日」という祝日を制定して、国を上げて「この日は相続のことを考えましょう」という雰囲気作りをしてくれれば非常に助かるのですが、何もないところでいきなり「今日は相続のことを話し合おう」などということにはなりません。親の誕生日に「相続のことを考えましょう」というのも、死を連想させるイメージもあり不謹慎な感じにもなりかねません。

相続について話し合いをした方がいいというのは、親世代も子ども世代も強く思っていますが、テーマが重たすぎて、話し合うきっかけや方法が掴めないというのが実情だと感じます。

だからこそ私たち専門家が橋渡しをして、ハードルを低くする必要があると思います。

相続コンサルティングの具体的手法

先ほど「相続コンサルティング」とは、「相続の専門家としての立場から相談に乗ったり指導したりすること。お客様家族に寄り添って、将来の企画・立案を手伝うこと」と独断ですが定義させていただきました。

では具体的にどうやればいいのか？　それをお伝えします。

一般的なコンサルティング手法では、

1．現状の正確な把握（現状分析）
2．明確な目標設定（望ましい姿の検討・設定）

3．その間にある壁や問題等の明確化（現状と目標とのギャップ明確化）

4．問題放置の損失（問題を放置した場合のリスク評価）

5．問題解決方法の明確化と具体的施策の提案（解決方法の提示と施策の提案）

6．行動の選択サポート（施策の実施支援）

7．支援後のフォロー（実施後のフォローアップ）

などのステップを踏んで、相談者が抱える問題を解決していきます。

これを相続コンサルティングに置き換えると、

1．現状の正確な把握（家族関係・財産・収支状況「P／L」・財産評価「B／S」と相続税額）

2．明確な目標設定（お客様の願いや目的、悩みや不安の明確化）

【図14】

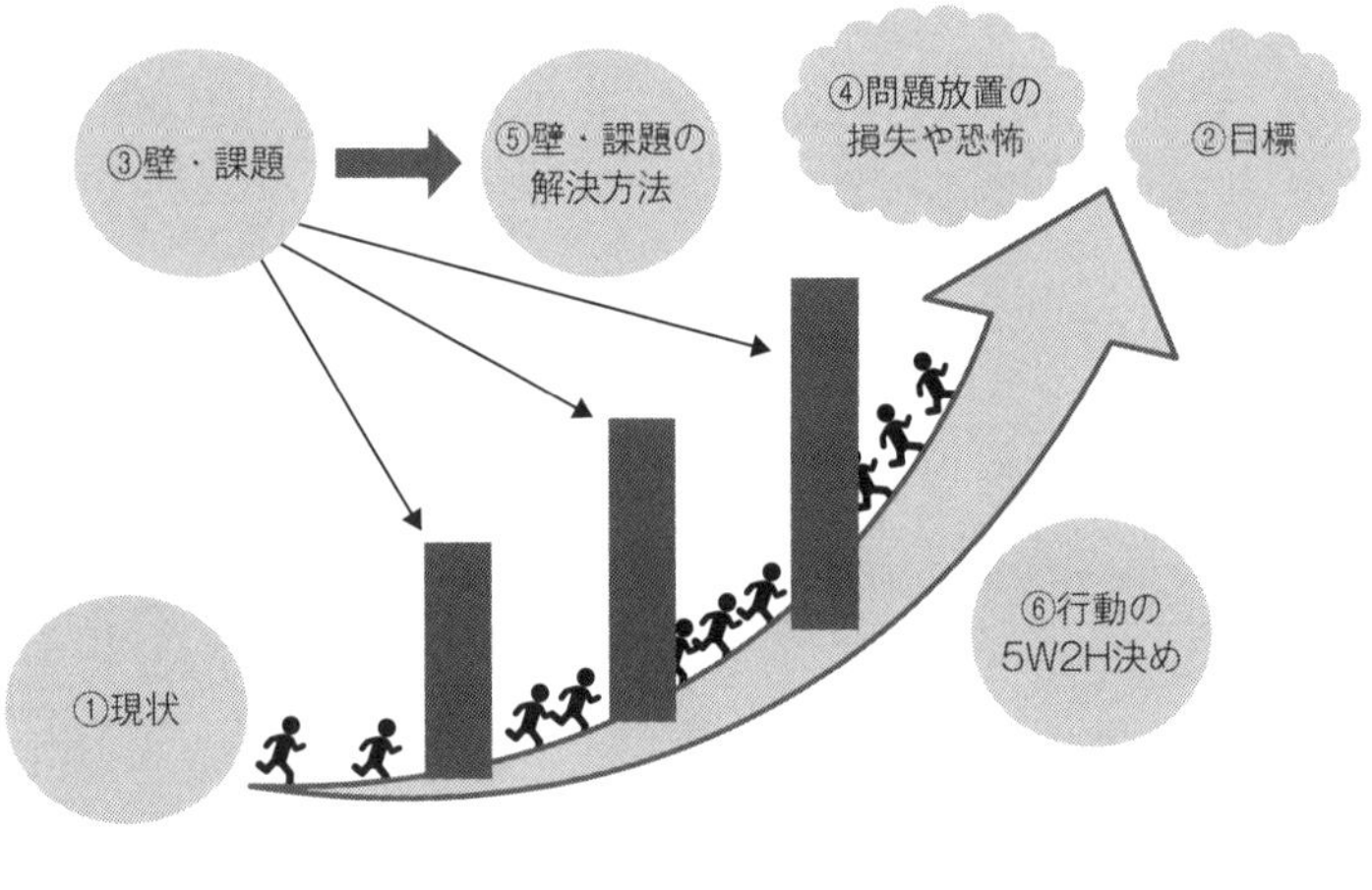

3. その間にある壁や問題の明確化（家族関係、財産上の制約、相続税などの負担）
4. 問題放置の損失（争いになる、相続税リスク、不動産リスク）
5. 問題解決方法の明確化と提案（相続の三大対策など様々な視点からの提案手法）
6. 行動の選択サポート（実行費用の把握、実行後の効果、実行サポート、完了報告）
7. 実行後の継続的なフォローアップ（実施後のコミュニケーションによる心のフォロー、次の問題抽出に向けたヒアリングの実施）

になるのではないかと考えます。

しかし上記の細分化された手順はやや複雑なため、実際の相談の場では簡易な3ステップでアプローチすると良いと考えます。

その順番は、

1. お客様の願いや目的、悩みや不安の明確化（安心感・信頼感の醸成）
2. 現状の把握（家族関係・財産・収支状況・財産評価と相続税額）
3. 将来の予測（財産・収支予測、将来予測される出来事と金額）

です。次から順番にお伝えします。

お客様の願いや目的、悩みや不安の明確化（安心感・信頼感の醸成）

まずはお客様の願いを丁寧に聴くこと

コンサルティングでは、現状把握と目標設定が必要と書きました。しかしいきなりお客様にヒアリングすることは非常に困難です。そのため、まずは「お客様の願いや目的」を丁寧に聴くことに徹するのが大切です。耳を傾けるという意味から、これを傾聴といいます。分かりやすく登山を例に話したいと思います。

私たちのような相続の専門家は、登山の世界では登山案内人になるかもしれません。どのようなルートで山を登ることができるか？　所要時間は？　ルートによる難易度は？様々な情報を持っています。また年齢や体力によっても、どの山を登るのがリスク低い、高いなども分かります。

しかし、お客様が登りたい山などの情報や理由、そしてお客様自身の情報を知らなければアドバイスできません。

相続の相談も同様です。まずはお客様の将来の願いや思い、心配ごと、悩みなどを知らなければ目指す方向も分かりません。

しかし、プライバシー性が高い内容のため、相当のことが差し迫らない限り、相手が専門家であっても赤の他人にペラペラと話すような人はなかなかいません。お客様の中には、自分自身が何から相談したら良いのか分からないという人もいるでしょう。

そのため、その目的を話していただけるような雰囲気作り、会話のやり取りが大切です。お客様の話を聴いて、一つひとつの言葉の裏に込められた気持ちも丁寧に汲みながら、親しい友人に話すように心を開いていただくことが大事です。

これはお客様によっても変わりますが、基本はお客様が直面している状況についてよく傾聴するということになります。

何が問題なのか分からない、不安や悩みはあるけど、どう表現したらいいか分からないという方には、世間話を取り入れながら、徐々に互いの心理的距離を近づけていきます。

このお互いに気持ちを通わすことを、ラポールを形成するといいます。いわば信頼関係です。これが形成されていないと、なかなかお互いの意見を受け入れることができません。

色々な場合がありますが、大切なことは真摯に、笑顔で、誠実に話を聴くことだと考えます。

まずは気持ちよく話をしてもらえる雰囲気作りです。

現状の把握（家族関係・財産・収支状況・財産評価と相続税額）

（1）家族関係を現状把握する

相続の話ですから丁寧にヒアリングすると、必ずお客様以外の登場人物が話に出てきます。既にお客様の願いや目的を聴く段階で数多くの登場人物が出てきているかもしれませんが、丁寧に聞き取ってメモします。

この際に、必ず家系図を作る過程をお客様に見せながら、一緒にその家族関係を振り返っていくという雰囲気作りをするとお客様との気持ちの距離が縮まります。

例えば「お父様のお名前は、なんとおっしゃいますか？」「どんな漢字ですか？」などの相槌を挟みながら、その中でお客様から教えていただいた漢字が分からなければ「漢字が苦手なので、ちょっと書いてもらってもいいですか？」とペンを渡し、お客様に書いてもらって「なるほど～！　この漢字で、この読み方はあまり例がないですよね」などのやりとりをします。また時には、お客様の年齢を聞いて、「ウチの父親と同じ年齢ですね！」「父親の一つ先輩ですね」「ウチの父親と同じ県ですね！」「高校はどちらですか？」など無理やりですが、共通点を見つけて一つひとつ丁寧に信頼を積み上げます。これは、企業がブランドを構築する手法と全く同じです。組織であっても個人であっても、常に一つひとつ、丁寧かつ一貫した行動を取ることによって、信頼を積み上げていくことに他なりません。

筆者の場合には、家族関係図をＡ４の紙に大きく書いて、相談終了後にお客様にそのままプレゼントしています。すると「改めてウチの家族関係を振り返ることができました。ありがとうございます」などと嬉しい感想をいただき、次の相談に繋がることも多いです。

（2）財産は現状把握だけでは駄目です

家族関係も聴き出すと、必ず財産関係の話も繋がって出てきます。特に不動産に関することです。

「父は、○○市の実家に1人で住んでいまして……」とか「今住んでいる自宅は、亡くなった父親名義のままなのですが……」などの情報も次から次へと出てきます。

ここで大事なことは、お客様の財産の全体像を把握して、その内容をお客様に提示することです。

特に財産構成の概要をお伝えすることが大切です。そのため、相談の際に必ず「固定資産税明細書」を持ってきていただくようにお願いしています。

固定資産税明細書から情報を読むテクニックは第一章を参照してください。

相続税法における財産評価手法としては、土地は路線価、建物は固定資産税評価額なのですが、筆者の場合には、固定資産税評価額×1・2倍して相続税ベースの地価水準の評価額を計算します。

建物は、固定資産税評価額から読み取ります。

固定資産税明細書がない場合には、「全国地価マップ」（https://www.chikamap.jp/）から住所検索して不動産の場所を確認します。

地図を見ながら「この辺ですか？」とお客様に確認します。お客様も「そうそう、この建物がウチです」というやりとりをしながら、「お客様の自宅は、路線価が◯万円ですね、土地の広さはどのくらいですか？」と聞いて「ウチは◯坪ぐらいかな」と教えていただければ、路線価×面積＝土地評価額が計算できます。

もし面積が分からない場合には、地図から範囲指定して面積を計算できるサイトもありますので、それを使えば日本全国どこでも土地の評価額は計算できます。

建物も固定資産税明細書がなくても、概算は計算することができます。

例えば、登録免許税を計算する際に法務局が発表している構造別の単価を使い、経過年数に応じて減価償却すれば、概算は計算できます。

また建築時の建物価格の50％を掛けた数字に減価償却して概算を計算することもあります。

建物の評価額は戸建住宅であれば、数百万円台なので考慮しないことも多いです。

資料がなくても様々な手法を併用して、妥当性の高い金額を計算することも可能です。

（3）正確な数字よりも概算で伝える

不動産の評価額を計算する際に気をつけるべきことがあります。

それは正確な数字にしないことです。お客様には概算を伝えることが大切です。

なぜなら、正確な数字で積み上げると、もし違った場合にお客様にご迷惑をかける可能性があるからです。

だから、2348万円なら、500万円刻みで「高く見積もっているかもしれませんが、大体2500万円ですね」と伝えています。

また、数字を単純化すると、物事の本質が見えてきます。

1円単位で「ご自宅は3798万6254円ですので……」と説明されるのと、1000万円単位で「ご自宅は、大体4000万円ぐらいですので……」と説明されるのは、どちらが分かりやすいでしょうか？

単純化することによって、短時間のヒアリングでお客様の財産状況が頭にインプットできます。

そしてお客様に確認する財産項目は、
1．不動産、2．預貯金など金融資産、3．生命保険金、4．借入金程度で十分かと思います。

なぜなら、これら財産に対するお客様の状況や気持ちは次のような感じかと推測しているからです。

1. 不動産：資料を出すのには抵抗は少ない、評価額は分からない
2. 預貯金など金融資産：持っていても金額は言いたくない、聴き出すのは難しい、いろいろな金融機関に散らばっていて合計金額も実はよく分からない
3. 生命保険金：保険は入っているが、保険契約の内容や保険金は分からない、資料がどこにあるか分からない
4. 借入金：住宅ローンは多いが団信付きのため借入金にならない、地主や不動産投資家はローンがあるかも、経営者は事業性ローンや金融機関が関係しない仲間内の貸し借りがあるケースも

上記の状況を踏まえると、初回相談で把握できるレベルは不動産のみになることが多いです。そのため、不動産評価額に、預貯金をざっくりどのくらいあるか聞き出しそれを上乗せして、財産総額を提示します。

近からず遠からずのレベルでいいので、お客様の考えている財産総額のストライクゾーンに入っていれば、お客様はこれ以降の話を「自分ごととして」聞く耳を持ってくれます。

またお客様から「さすが専門家ですね、短時間で大体の概要が把握できるなんて」と思って

いただき、信頼関係を作ることも大事です。

（4）相続税がかかるかどうかは大切

財産総額が把握できると、伝えるべきことは二つあります。
それは、
1．相続税の対象となるか？
2．相続時にかかる費用概算は？
です。

相続税の計算ですが、こちらは税理士の独占業務ですので私たちは原則できません。しかし相続において、相続税がかかる対象となるか？　そうでないか？によって対策とやるべきことは大きく変わります。

そのため、相続税は「相続税の早見表」を使って概算費用を把握します。「相続税の早見表」とは表4のように財産金額と相続人数という要素から相続税概算を把握できる表です。ネットで検索すると様々な税理士のホームページなどで公開されています。

「相続税の早見表」の使い方ですが、筆者は独自の使い方をしています。参考までにお伝えします。

「相続税の早見表」は、2種類あります。「配偶者＋子ども」と「子どものみ」の組み合わせの表です。

　例えば、夫が亡くなり、相続人が妻、子ども3人という場合に、通常は「配偶者+子ども」の表を使います。

　しかし、筆者は「子どものみ」の表を使います。

　しかも「子どものみ」の表で、妻を子どもとして計算し、子ども4人の列と財産金額が交わる金額を相続税として、それをお客様に伝えています。

　なぜ「配偶者+子ども」の表を使わないのか?

「配偶者+子ども」の表では、配偶者は常に財産の1/2を相続することを前提にして、配偶者の税額軽減がされており、相続税も1/2になっています。

　しかし実際の現場では、妻は相続せず、子どものみで3分割するというケースもあります。

　もし妻が相続しない場合には、配偶者の税額軽減は使えませんから、この表で計算した相続税の2倍近い金額になり、お客様に不測の損害を与える可能性もあります。

「相続税が250万円だから安心していたのに、500万円かかることになった! 間違ったアドバイスをしたの

【表4】相続税の早見表（筆者カスタムバージョン）

単位：万円

相続人の数	1	2	3	4
課税価格	相続人1人	相続人2人	相続人3人	相続人4人
4,000	40	0	0	0
5,000	160	80	20	0
6,000	310	180	120	60
7,000	480	320	220	160
8,000	680	470	330	260
9,000	920	620	480	360
10,000	1,220	770	630	490

か！　差額を補償しろ！」と言われることになるかもしれません。
実は私はそのような間違いをして苦い経験をしたことがあります。
だからこのような特殊な使い方をしています。皆様もご注意ください。

（5）相続時にかかる費用概算を伝えていますか？

相続税がかからないとお伝えすると、相続時に何も費用はかからないと大喜びするお客様もいらっしゃるのですが、相続時にどのくらい費用がかかるのか想定しておかないと後で慌てることになります。

相続時にかかる費用と一言に言っても、

・葬儀費用
・お墓や埋葬費用
・相続税
・税理士への相続税申告報酬
・遺産分割協議書作成
・登記費用
・遺言執行費用
・故人の自宅の片付け

など様々な費用がかかります。当然ですが専門家なしで全て手続きするのは難しいので、専門家への報酬も見込む必要がありますが、専門家費用がどのくらいかかるのか全く予想もつきません。

筆者は、「財産総額×5％」か「上記の積上費用」のうち高い金額を計算し、その分の現金を用意しておいてくださいとお伝えしています。

葬儀費用も直葬であれば30〜50万円で済みますが、民間の葬儀式場を借りると家族葬でも100万円近い金額になります。老舗有名ブランド店だと100〜200万円レベルまで跳ね上がります。

このように、これらの費用概算の把握は、後に述べる相続対策の納税資金対策に繋がりますから、先回りをして情報をお聞きしてその予測をすることでお客様からの信頼に繋がります。

また対策として、葬儀の生前相談などのアドバイスもできると、お客様からもさらに喜ばれます。

(6) 相続対策がアドバイスできる

ここまでで現状把握ができれば、今の状態で相続を迎えた場合にどうなるのかという現実がイメージできるようになります。ただしこれだけでは片手落ちです。

相続は、誰に、どんな財産を、相続させるかです。つまりきちんと分けるというアドバイスをできるかどうかが勝負になります。

相続対策には、有名な三大対策があります。

1．分割対策：どう分けるか？
2．納税資金対策：相続時にかかる税金や費用を支払う現金をどう用意するか？
3．相続税対策：相続税などの税金をどう下げるか？

特に重要な対策は、1．分割対策です。

相続は、相続人が合意して分けきらないと相続手続きが終わらないからです。

試合終了できないのです。

これまで現状把握で相続税などを確認しましたが、それはあくまで相続人全体での金額です。

実際には「どう分けるか？」が大事になります。

財産構成の中で不動産が占める割合が大きいと、均等に分割しようと思っても分けられません。

「分けられないのであれば、兄弟同士で1／3持ち分を共有すればいいよね」と安易に考えるのですが、兄弟同士の共有はご法度です。

相続は原則として、子どもなどへの下の世代に引き継ぐ行為ですから、一度兄弟に枝分かれした持ち分は簡単に移すことができなくなります。

兄弟同士の共有後にどちらかに持ち分を移したくても、税金などのお金の制約が大きいのです。

タダであげると、もらった方は贈与税を支払わなければなりません。また兄弟間で売買したとしても相場をかけ離れた低い金額で取引すると、みなし譲渡所得というペナルティに近い税金を徴収されることもあります。また売買で買い取ると合意したとしても、多額の現金を持ち合わせているケースの方が少ないです。ではそのお金を銀行から借りればいいじゃないかと思いますが、不動産を買い取るためのローンは、ほとんどの場合対応してもらえません。できたとしても高金利の不動産担保ローンを使うことになりかねません。

共有の恐ろしさをきちんと伝えないと、後でその家は末代まで苦労することになりますので、責任重大です。


また分割内容は、最終的には家族の判断になるので、「ご家族で分け方は決めてくださいね」とお任せするケースもあります。

筆者から見れば、相続業務の職務放棄にしか見えません。

分割アドバイスは地味ではありますが、各相続人の感情も関わるため、専門家としても非常にストレスとプレッシャーがかかる場面です。

だから、第三者としての公平な立場からアドバイスすることが大切です。

そのために私たち専門家ができることは、具体的分割方法の選択肢をアドバイスすることです。

例えば、地主家系の相続であれば、

・家を継ぐ長男に資産を集中させる分割パターン：他の兄弟に納得してもらえる分け方にするのが大事
・兄弟で等分に分割して相続させるパターン：アパートを含む家だと、財産金額だけではなく収益性も考慮して、均等に配分できるようにする
・相続税を下げるパターン：配偶者の税額軽減を有効的に活用する、二次相続で揉めない対策が必要
・一次二次相続を通して、相続税を下げるパターン：揉めない対策も同時に検討必要
・不動産の収益性なども考慮に入れた分割パターン：金額額面だけではなく、不動産同士の比較、預貯金との比較も検討する

また、見た目の額面だけの分け方をすると、後で遺恨を残すことにもなりかねません。

例えば、同じ1000万円でもらうとしたら、「現金」、「宅地」、「畑」、どの財産でもらいたいですか?

ほとんどの方が、「現金」になると思います。

例えば、額面価値は1000万円でも、現金は1000万円、宅地だったら500万円、畑は50万円と実際の受け取り価値に差が大きく出ることもあります。

そのような感情面も配慮した分け方を提案する必要があると考えます。

実際の現場では1. 分割対策に重きを置きながらも、2. 納税資金対策と3. 相続税対策も絡める形で分割提案をすると、お客様から喜んでいただけます。

将来の予測(財産・収支予測、将来予測される出来事と金額)

忘れてはいけない将来対策

これまでお伝えした対策は、今すぐに相続が起こった場合の対策です。

しかし相続は、今すぐ発生するわけではありません。

5年後かもしれません。10年後かもしれません。これは誰も予測できません。

そのために今の財産構成が数年後にはどうなるかという予測も大事です。

これは、会社経営における損益計算表（P／L）と貸借対照表（B／S）の分析手法と同様です。

特にフロー（1年間の収支）とストック（財産総額）の考え方は重要です。

1年間の収支がプラスになれば、プラス分だけ財産総額は大きくなり、結果として相続税や所得税などの税額も上がります。

特にアパートなどの不動産賃貸物件を所有している場合には、顕著に現れます。

また相続税対策として、借入してアパート建築などしている場合には、新築時点が最も借入金が多い状態で、相続税の節税効果は高いといえます。

しかし、返済が進むと借入金は徐々に減り、節税効果は少なくなります。

また家賃水準も築年数が進むに従って、徐々に下がるのが通常です。

このように様々な要素が関わり、フローとストックを作り出すことになるのです。

またここに相続対策を考える対象者の介護費用や年金収入なども関わり、さらに複雑化していきます。

介護費用なども、入所する介護施設を、特別養護老人ホームと想定するのかサービス付き高齢者向け住宅や民間の老人ホームを想定するかによって、そのフローは大きく変化します。

ここまで来ると予測を超えた結果が出てくることが多くなります。想定した仮説に基づいた結果が、想定外のものであったりします。

そのため、将来予測はシミュレーションですから、最初に人生のイベントで想定される要素を洗い出すことが肝要です。この前提の下で、それぞれの要素がどのように関係してくるのか、またどのように変化していくのかといった視点から仮説を設定していくのです。

コンピューターの力も借りて、入力する要素と金額、そうして出てくる結果との違いを検証しながら、進める必要があります。

ただし、自宅＋預貯金（アパートなし）という財産構成のご家族で、介護費用なども想定する程度であれば、容易にシミュレーション可能ですので、こちらからExcelなどの表計算ソフトで将来の姿を示してあげることが大切です。

コンサルティングの価値をどう伝えるか？

ここまでコンサルティングの内容や必要性、チェックポイントなどについてお伝えしてきました。先述した通り私たちコンサルタントの立場としては、できるだけ正確な情報を収集して、お客様に適切な提案をしたいと思うものですが、お客様はそこまで望んでいない場合もあります。

つまり専門家とお客様との間には、情報格差も大きいのですが、コンサルティングという目に見えない商品価値から感じる提供金額の格差も大きいのが現状です。

専門家側では経費をかけて入念に調査した提案だから提供金額は50万円と決定したとしても、お客様は10万円の価値しか感じていない場合もあります。

だからこそ、ボタンのかけ違いがないように、事前にお客様が望んでいること、つまり〝ニーズ〟を十分に把握しておくことが重要となります。ただし、ここで問題となるのは、それにどれだけの時間や費用をかけるかという点です。ただやみくもに時間や費用をかければ良いということではありません。

最初に多額の費用をいただき、状況把握をきっちりしないと提案ができないという限定的な対応では、真にお客様から選ばれる存在になるというのは難しいかもしれません。

ですから、あくまでも相続コンサルティングの肝は押さえつつも、お客様が望むレベルに応じた価値を提供するということも、現場ではとても大切です。

「現状を把握し」、「将来の姿を予測し」、「今なら何ができるか」ということを分かりやすく伝える姿勢を貫きつつ、情報や提案の深度に応じて、工数や費用はかかることも丁寧に伝え、最終的にお客様が望む将来に近づけるサポートをすることが相続コンサルティングの醍醐味だと感じます。

第四章

相続コンサルティングの実践事例

二次相続まで考慮した相続のワンストップサポート

久保田　俊

家族構成

本人（Mさん・二女）：50歳
父：83歳（2ヶ月前　亡）
母：80歳
長女：55歳
長男：53歳

父財産状況

現預金：1000万円
自社株式：2000万円（50％保有）
有価証券：2000万円
不動産：3000万円（自宅、土地2700万円、建物300万円）
　4000万円（法人へ貸付地）
生命保険：2000万円（相続人4名に対して各500万円）

合計：1億4000万円

母財産状況

現預金：3000万円
自社株式：2000万円（50％保有）
贈与（相続時精算課税制度）：7500万円（子どもそれぞれに2500万円ずつ）
合計：1億2500万円

状況整理

・遺言書なし。
・法人は不動産貸付業。
・長女、Mさん共に長男が法人を引き継ぐことに不満はない。
・自宅は母と長男家族が同居している。

相談者（Mさん）の相談内容

・相続税がかかると聞いているが、どの税理士に相談したらいいか分からない。
・元々兄との関係はあまり良くないが、相続がきっかけで揉めるのは避けたい。
・母からは、できるだけ3人が公平に相続できるようにしたいがどうしたら良いか分からないと言われている。
・できる限り相続税を減らしたい。

専門家のアドバイス

【初回面談】

Mさん

２ヶ月前に父が亡くなり、葬儀の際に兄から相続税の申告が必要と聞いたのですが、今後どのような手続きが必要でしょうか？

テレビやネットで、相続をきっかけに揉めてしまう家族が多いと聞いたのですが、どんな内容で揉めてしまうのでしょうか？

相続コンサルタント

今後のお手続きの流れですが、相続税申告が必要な場合はお父様がお亡くなりになった日の翌日から10ヶ月以内に相続税申告を行う必要があります。

相続で揉めてしまう原因は様々ですが、遺産分割協議で揉めてしまうことが多いです。

遺産分割協議では、お亡くなりになった方の財産を相続人様のどなたが・何を・どれだけ相続するかを決めることになりますので、相続人様の中でご意見の食い違いが原因となって遺産分割協議が成立しないばかりか、それまで仲が良かったご家族の関係性が悪化してしまう方々もいらっしゃいます。

お父様は遺言書を作成されていましたか？

Mさん

実家には両親と兄家族が同居していて、父が亡くなった後に母と兄が遺品を整理したようですが遺言書は見つからなかったようです。

生前の父は自分自身に何かがあったら家族でしっかり話し合って納得するように分けてほしいと言っていたので、揉めることがないように家族と相談しながら今後のことを決めていきたいと思います。

相続コンサルタント

仲の良いご家族皆様が相続をきっかけにご関係性が壊れてしまうのは本末転倒ですから、皆様がご納得して円満にお手続きを進められる方向性を考えていきましょう。

お兄様から相続税申告が必要とのお話があったようですが、お兄様はどなたか税理士にご相談されたのでしょうか？

Mさん

父が代表の家族経営の会社の顧問税理士に相談したようです。

ただ、顧問税理士も高齢で、あまり相続のことは詳しくないようで、相続税に詳しい先生に相談してほしいと言われてしまったようです。

兄も会社のことがあり忙しいようなので、時間が取りやすい私が色々と相談してみようと考えています。

税理士

伺った内容をもとに計算すると、全体で約８００万円の相続税が課税されます。相続税では様々な制度を利用して相続税を減額していけますので、皆様の状況に合わせて利用する制度を検討していきましょう。

Ｍさんも聞いたことがあるかもしれませんが、配偶者の税額軽減という制度を最大限利用した場合、お父様の相続税は０になります。

ただ、その場合二次相続の際に、より高額な相続税が課税されますので、どのくらいお母様が相続するかを二次相続まで考慮して決めていただくといいと思います。

皆様の中でどのように分けるか、お話し合いはありましたか？

Ｍさん

公平に分けていきたいと家族で話しています。

姉とはよくやり取りをしていて、両親と同居してくれて会社も手伝っている兄が自宅と会社の株を相続するんだろうと話しています。

そうなると姉と私が相続する分が減ってしまいそうですが仕方ないのでしょうか？

兄は自宅や会社は自分が当然相続するという印象があり、やや引っかかっています。

相続コンサルタント

ご自宅や会社をお兄様が相続すると、お兄様は法定相続分以上の財産を相続することになります。

その場合、多く取得した財産分を現金で他の相続人様へお支払いいただく代償分割という遺産分割協議の方法があります。

お兄様からご了承が得られれば、ご実家や会社については代償分割での遺産分割がいいと思います。

Mさん

確かに兄が私たちに現金を支払うとなると負担が大きそうですね。

相続税申告についても私だけでは決められないので、一度今日聞いたお話を家族にも話してみますので、改めて相談をさせてください。


【電話連絡】

Mさん

家族と話をして、相続税申告をお願いしたいと思います。

母の財産状況も確認しましたのでお伝えします。

ただ、公平に分けることに問題はなかったのですが、兄からまとまった代償金を支払う余裕はないと言われてしまい……

代償分割以外に何かいい方法はないでしょうか？

相続コンサルタント

二次相続を考慮すると、一旦お母様に大部分を相続していただき、お母様に積極的な相続税対策を実施していただいても良いかもしれません。

この場合、対策の初期段階から皆様にもご参加いただき、皆様が納得できる財産構成に組み替えることもできます。

額面だけの公平感ではなく、その資産が持つ特性までを考慮して、相続税対策と分割対策を並行してご検討してみてはいかがでしょうか？

また、これまでにお母様から皆様に対して贈与はありましたでしょうか？

もし相続時精算課税制度を利用した贈与があった場合、そちらも相続財産に含める必要があります。

Mさん

以前母が所有していた不動産を売却した際にまとまったお金ができたことがあり、当時の税理士の先生の提案で私たちそれぞれに２５００万円ずつ贈与してもらったことがあります。

その時に相続時精算課税制度を利用したはずです。

これも相続財産に含まれてしまうんですね……。

先日の家族での話し合いでも、母は私たち姉弟が喧嘩しない分け方を考えたい、できたら自分が亡くなった際の相続税は減らしたいとしきりに言っていたので、そのような方法があることを改めて家族と話してみます。

家族が興味を持った場合は全員でお話を聞いてもいいでしょうか？

相続コンサルタント

その際はぜひ皆様とお話しさせてください。
皆様からそれぞれお話を伺い、資産組み換えだけでなく皆様にご納得いただける方法を検討していきたいと思います。

【二次面談】

相続コンサルタント

まず、お母様の財産状況を含めて、お父様の遺産分割でお母様が相続する割合に応じた二次相続時の相続税額シミュレーションを作成しましたので、税理士からご説明いただきます。

税理士

一覧表の通り、お母様が相続する割合が低いほど一次相続税・二次相続税の合計金額は低くなります。
一方で、お母様が全てを相続すると配偶者の税額軽減によってお父様の相続税は0になりますが、

【表5】一次相続税・二次相続税一覧表

配偶者取得割合	一次相続時相続税額	二次相続時相続税額	相続税額合計
0%	8,050,000	10,799,800	18,849,800
10%	7,245,000	12,799,800	20,044,800
20%	6,440,000	15,199,800	21,639,800
30%	5,635,000	17,599,800	23,234,800
40%	4,830,000	19,999,800	24,829,800
50%	4,025,000	22,399,800	26,424,800
60%	3,220,000	25,199,700	28,419,700
70%	2,415,000	28,799,700	31,214,700
80%	1,610,000	32,399,700	34,009,700
90%	805,000	35,999,700	36,804,700
100%	0	39,599,700	39,599,700

二次相続時の相続税が非常に高額になります。

お母様

Mからも話を聞いて、相続税を減らせるのであればできる限りの対策をしたいと考えています。

相続税のこと以上に、子どもたちに公平に分けたいと考えているのですが、どのようにしたら良いでしょうか？

相続コンサルタント

お母様は生命保険に加入されていないので、生命保険の非課税枠を最大限利用できるよう、お子様皆様が500万円ずつ受け取れる生命保険へのご加入がいいと思います。

それだけでも相続税は減少しますが、大きく相続税を減らすためには、不動産を購入していただくことをお勧めしています。

収益不動産を購入していただくことで、大きな相続税節税効果が得られるのですが、あくまで不動産投資なので、しっかりと検討しないで収益物件を購入してしまうと節税できた相続税よりも収益不動産のマイナスが上回ってしまうので、注意が必要です。

皆様は不動産投資についてどのようなご認識でしょうか？

［相続人の意向］

母：過去に両親から相続したアパートで賃貸経営の経験あり。相続税対策になるのであれば購入したい。

長女：母がアパートを持っていたこともあり興味はある。

長男：本業が忙しく賃貸経営は難しい。自身は受け取れないが相続税が減るのであればありがたい。

Mさん：興味はあるが難しそう。将来自分が賃貸経営できるか不安。

相続コンサルタント

賃貸経営は所有者様のご判断が必要な事項も多いので、皆様の賃貸経営が軌道に乗るまで購入後もしっかりとサポートをさせていただきます。

また、お子様皆様に公平に遺産分割を行う方法として、お父様の相続財産の大部分はお母様に相続していただき、積極的な相続税対策の中で皆様が公平と思える財産構成への組み換えが良いかと考えています。

税理士による財産評価が完了するとお父様の相続税額が確定しますので、ご長男様がご負担可能な相続税額であれば、お父様の遺産分割協議でご自宅と自社株式はご長男様に相続していただくと、二次相続の相続税節税にもなるかと思います。

長男

母の相続までを考慮した相続税や遺産分割についてのイメージはできたのですが、父の相続税を今よりも減らせる方法はないでしょうか？

税理士

ご自宅についてはお母様かご長男様が相続することで小規模宅地等の特例を適用できますので、ご自宅の土地は8割減額することができます。

また、法人様からお父様に死亡退職金を支払うことで自社株式の評価を下げられる可能性があります。

自社株式については、事業承継税制を利用することで対応する相続税で納税猶予を受けられますが、1年ごとの報告が義務付けられてしまうことや、制度を利用する際は別途ご請求が発生してしまいますので、制度を利用して猶予される相続税額とのバランスを見て利用するかどうかを検討していきましょう。

【財産報告面談】

相続コンサルタント

本日のご面談では、今までに伺った内容やご用意いただいた書類をもとに税理士がお父様の財産評価を行いましたので、相続財産のご説明と相続税のご報告を行います。

税理士

不動産については、ご自宅の土地建物と法人様へお貸ししている土地があります。

ご自宅は、土地が旗竿状なことから評価減を行い、土地が〇〇万円となります。

法人様への貸地は、地型が良く特段補正はかけられませんが、貸地評価により自用地評価の

○○％まで評価減を行い、○○万円となりました。
評価の結果、ご自宅より貸地の方が１㎡当たりの評価額が高いため、小規模宅地等の特例では、貸地（特定同族会社事業用宅地等に該当する宅地等）に適用するとより評価額を下げられます。

また、自社株式は評価したところ若干評価を下げられることが分かりました。

加えて顧問税理士にご確認いただいた死亡退職金をお支払いいただくことで、約○○万円まで評価を下げられます。

他の財産の評価額は記載の通りとなり、お父様の相続財産の総額は約９０００万円まで減額できました。

このことから、お父様の相続税は最大で約○○万円となります。

また、先日のご面談の際にお伝えした事業承継税制ですが、お父様のご資産構成では約○○万円の相続税を猶予できることになりますが、今後継続してご対応いただく内容や、制度を利用する場合にご請求させていただく報酬とのバランスを考慮しますと、今回はご利用いただかない方が良いかと思います。

長男

前回の面談で伺ったように、母の財産からすると収益不動産の購入が相続税対策や姉妹と公平な分割をするために現実的な方法だと考えています。

ただ、母に介護が必要になった場合を考えると、ある程度まとまった金額は残しておきたいので、下記の分割を考えているのですがいかがでしょうか？

母：現預金、有価証券
長女：法人への貸付地（1／2）
長男：自宅、自社株式
Mさん：法人への貸付地（1／2）

母には有価証券を売却してもらい、6000万円の現預金が確保できるので、このうち4000万円ほどを対策の原資にして収益不動産を購入したいと思います。

また、姉妹には法人への貸付地を相続してもらい、法人からの地代の支払いを継続して受け取ってもらいたいと考えています。

相続コンサルタント

素晴らしいお考えですね。

ただ、経営の面では、法人様への貸地は長男様に相続していただいた方が良いと思います。

長女様・Mさんがご所有の間は長男様と兄弟姉妹なので十分にコミュニケーションを取れるかと思いますが、世代が進んだ際に長女様・Mさんのお子様やお孫様と長男様のお子様やお孫様とのご関係が離れてしまい、貸地をご売却して第三者が貸主になってしまう可能性もあります。

お父様の遺産分割では相続する財産のバランスがやや悪くなってしまいますが、長男様がお受け取りになった生命保険や死亡退職金も上手に活用し、代償金を長女様・Mさんにお支払いしていただくとバランスの悪さも解消されると思います。

また、対策費用すべてを収益不動産購入費用にしてしまわず、生命保険の非課税限度まで生命保険にご加入いただき、長女様・Mさんのお二人を受取人にしていただくことで、相続税節税・一次相続のバランスの悪さの解消・お母様に万が一があった後も経済面のご不安が軽減されると思います。

Mさん

お話を聞いてから考えたのですが、やはり一棟のアパートやマンションの賃貸経営には不安があります。

収益不動産を購入することで相続税の節税になることは理解しているので、収入は少なくても良いのでマンションの一室であればやってみたいと思います。

相続コンサルタント

それではこのような資産の組み換えはいかがでしょうか？
収益不動産１（長女様相続）：売買価格約６０００万円（自己資金：２０００万円）
収益不動産２（Mさん相続）：売買価格約３０００万円（自己資金：１０００万円）

生命保険：１５００万円

お父様の遺産分割協議では、Ｍさんへの代償金の額を増やしていただき、今後ご加入頂く生命保険を活用して一次相続・二次相続合計で皆様が相続する財産の額を調整していただくと良いかと思います。

税理士

その場合の相続税は、約○○万円まで下がります。

相続コンサルタント

この資産組み換えを行った場合、収益不動産から得られる賃料収入やリスク、収益不動産以外の資産の必要性・安定性を総合的にご検討いただくことで、公平な遺産分割に繋がると思います。

長男

家族でしっかりと話し合いをして最終的な父の遺産分割と母の相続対策を決めたいと思いますので、改めて連絡をさせてください。

【Mさん電話連絡】

Mさん

家族で話し合い、先日伺った内容で遺産分割と母の相続対策を行いたいと思います。

それと、母と姉も購入する収益不動産について相談をしたいと言っていたので、相談に乗っていただけますか？

相続コンサルタント

それでは改めてご面談をさせていただきます。

その際に先日ご提案をさせていただいた価格帯で条件の良いものをいくつかご紹介させていただきます。

この事例を通じて伝えたいこと

・遺産分割協議において、相続財産の価値は一定ではありません。そのため相続コンサルタントは一つの観点だけではなく、広い視野で相続人様方が納得できる分け方を検討することが大切です。

・相続税対策とはいえ収益不動産の購入や建築には大きなリスクが伴います。相続税圧縮効果だけに囚われず、購入・建築後に安定した収益を得られるご提案を行うことが、長期的にお客様との良い関係を築く大切なポイントです。

家族の想いを実現する家族信託という選択

廣木　涼

家族構成

本人（Aさん）：78歳

妻：70歳

長男：43歳

二男：40歳

本人財産状況

現預金：6000万円

ご自宅：6000万円

アパート：5000万円

長男の自宅：3000万円

合計：2億円

妻財産状況

現預金：2500万円

状況整理

・長男は既婚。配偶者、子あり。
身の回りのことなどの日常生活は問題ないが、金銭管理ができず破産を経験。障がい者認定も下りている。現在はAさんが長男家族の生活費から何から面倒を見ている。
・二男は独身で実家に住んでいる。
・相続対策は何も行っていないが不動産はどれも資産価値が高い。
・不動産の管理は全てAさんが行ってきた。
・奥様に軽い認知症の症状が出ている。

相談者（Aさん）の相談内容

・現在は、長男家族の生活の面倒を自分が見ているが自分も高齢になってきた。今後、二男に長男家族のサポートをしていってもらいたいと考えている。
・長男はお金のことに関すると人が変わったように攻撃的になるので、自分の相続時に二男が困るのではないかと不安がある。
・基本的には長男と二男に平等に財産をあげたいと考えている。

専門家からのアドバイス

司法書士

まず、このまま何もしない状態で将来的にAさんに相続が発生した場合には、「遺産分割協議」といって、相続人全員で亡くなった方の全財産の分け方のお話し合いをする必要があります。

一方、お亡くなりになった方が「遺言」で、自分の財産について、誰に何を渡すかを決めておくことで、遺産分割協議を不要とすることもできます。

今のご状況ですと

・長男様が遺産分割協議の際に、お話し合いがまとまらない原因となる可能性

・奥様の認知症の症状が進んでいますと、奥様が遺産分割協議に参加できず、成年後見人の申立てを裁判所に行い、後見人を選んで遺産分割協議をしないといけなくなる可能性があります。成年後見人は、被後見人を守るための人ですので、遺産分割協議に参加すると基本的に法定相続分を取得することとなります。

奥様が法定相続分で財産を取得することだけが全てではありませんので、ご家族皆様の想いやご状況、全体のバランスを考えて財産管理、承継対策をしていきましょう。

まずは、税理士の先生に相談して、相続税がどのくらいかかってくるかを確認しましょう。

Aさん

長男は、普段はおとなしく優しいいい子ですが、お金のことになると人が変わったようになるので、遺産分割協議というものは避けたいと思います。
また、今、生活費などの管理を私が全て行っていますが、私ももういい年ですし、私がいなくなった後の家内のことも心配です。

司法書士

そうですね、財産の承継にプラスして奥様とご長男様の財産の管理の対策も必要になってくると思います。
遺言以外に財産の承継先を決められる、そして財産管理もできる方法として「家族信託」という方法もあります。

Aさん

家族信託？　投資信託や信託銀行は聞いたことありますが、家族信託は似たようなものなのでしょうか？

司法書士

投資信託は、投資の専門家に金銭を預けて運用をしてもらう制度、信託銀行は、個人や会社などが持つ財産を信託の設定により信託銀行（受託者）に預けて、その財産を管理・運用する業務を行います。
家族信託は簡単にいうと「元気なうちに自分の財産を信頼できる家族に託して管理運用して

もらう」という財産管理の方法です。

例えば、Aさんが財産を預ける人（委託者）、二男様が財産を管理する人（受託者）というかたちで、二男様にAさんの財産管理を任せます。ただ、財産の管理を任せたといっても、この財産はAさんの財産ということには変わりありませんので、Aさんは利益を受ける人（受益者）として、預けた財産、例えば、アパートから出た賃料（利益）をもらうことができます。

そして、この家族信託は、いつ終わらせるかも自由に決められます。

例えば、Aさんにご相続が発生したときに信託を終了させて、通常の相続と同じかたちで財産を承継させることもできますし、Aさんにご相続が発生したとしても信託を終わらせないこともできます。

信託を終わらせないで、「受益者」をAさん→（Aさんに相続が発生したら）奥様といったかたちで受託者が誰のために管理するかを変えて継続的に管理をしてもらうこともできます。

Aさん

信託の制度については分かりました。

まず、私が一番心配しているのは、長男家族の生活です。今は長男家族の自宅について私名義なので、私が固定資産税を払い、管理をしていますが、私に相続が発生した後、長男に自宅を渡してしまうと、自宅を担保にお金を借りてしまい、住むところが守られなくなってしまわないかが心配です。実際に破産を経験した際は、金銭管理は一切できておらず、私が気づいたときには借金が膨れ上がっていて弁護士の先生に相談し、1年以上かけてなんとか処理をしてもらいました。

司法書士

お話を伺っていると、信託だけでなく、財産管理の部分で「成年後見制度」を利用する方法も考えられますね。

成年後見制度とは、認知症、知的障害、精神障害などによって判断能力が十分ではない方を保護するための制度です。成年後見制度には、表6のようなタイプがあります。

Aさん

以前、他の司法書士の先生に相談した際に、成年後見制度を勧められ、家族で考えましたが、本人の強い反発と、裁判所や専門家に入ってもらわずできるだけ家族内で完結させたいという私たちの考え方から成年後見制度はうちには合わないと感じています。

【図15】家族信託の仕組み

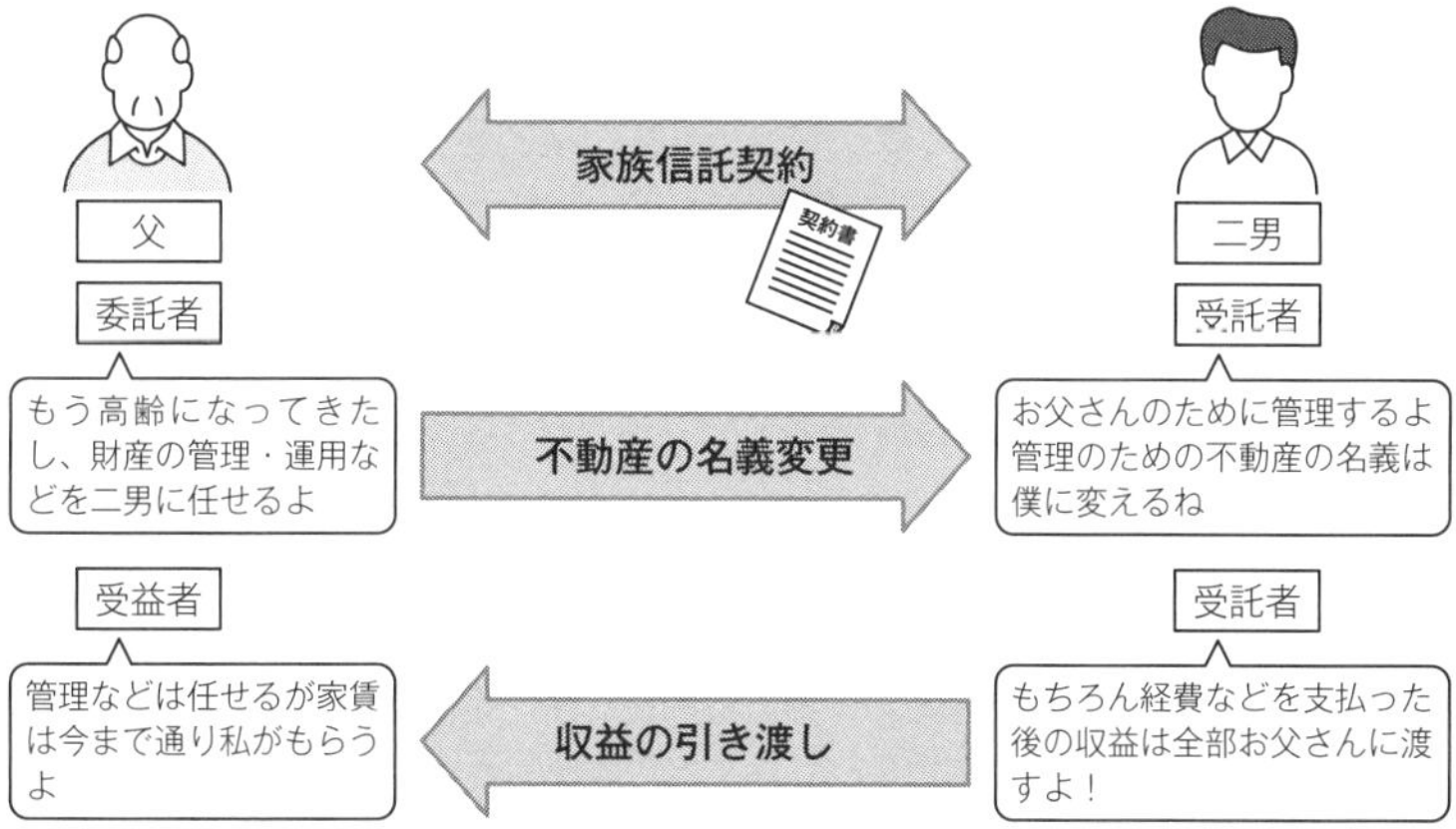

長男はお金の管理以外は日常生活を送れますし、今の私が財産の管理をしてあげて金銭面で困らないようにサポートしてあげる方が、長男も少し落ち着いてきましたし、私たち家族には合っていると感じています。
幸いにも、二男が今実家に同居しており、長男家族のサポートを引き継いでくれると言っているので、二男に任せていきたいと思っています。

司法書士

そういうご事情であれば、家族信託が合っているかもしれません。まず、長男様のご自宅については、以下のようなかたちで信託を組成するのはいかがでしょうか？

委託者　Aさん
受託者　二男様
受益者　Aさん
第二受益者　長男様
帰属権利者　お孫様

【表6】裁判所HPより

成年後見制度のタイプについて

区分	対象となる方	援助者	
補助	判断能力が不十分な方	補助人	監督人を選任することがあります。
保佐	判断能力が著しく不十分な方	保佐人	
後見	判断能力が欠けているのが通常の状態の方	成年後見人	
任意後見	本人の判断能力が不十分になったときに、本人があらかじめ結んでおいた任意後見契約にしたがって任意後見人が本人を援助する制度です。家庭裁判所が任意後見監督人を選任したときから、その契約の効力が生じます。		

二男様はAさんがお元気なうちはAさんのために管理運用処分を行い、将来的にAさんにご相続が発生して長男様が第二受益者となった後は、長男様のために管理をすることとなります。

こうすることで、長男様のものではあるけれど管理運用処分については受託者である二男様が対応できることとなります。

不動産の名義人が受託者である二男様になりますので、長男様が自宅を担保に借入をしようにも、名義人である二男様を通すこととなり、本当に自宅を担保にしてまでする必要のある借入なのかを二男様と長男様とお二人で考えることができます。

固定資産税の納税通知書も受託者である二男様に届くこととなりますので、固定資産税の支払いを見て長男様がご不安な気持ちになることもないでしょう。

定期的に管理の内容をお伝えして安心させてあげるのがよろしいかと思います。

また、信託契約でこのように受益権の承継先を決めておくことで、遺産分割協議が不要となります。

信託の内容や長男様が受益者になっているということをご説明する必要はありますが、長男様のご自宅については、遺産分割協議のように、全財産を見てどういう風に分ければいいかを考える必要はなくなります。

さらに、相続税についても、高額な支払いがあるとなると長男さんは不安を感じてしまうかもしれませんね。

最低限の相続税対策として、税理士の先生に相談してAさんと奥様の生命保険の非課税枠の使用を検討しましょう。

生命保険の非課税枠とはお亡くなりになった方の死亡によって相続人が受け取った保険金の一部を非課税にする制度です。

［500万×法定相続人の数＝非課税限度額］

Aさん

長男の自宅については、信託をすることで長男家族の生活が守れそうで安心しました。

後はアパートの家賃収入についてなんですが、毎月約50万円程度家賃が入ってきます。

今はその家賃収入で妻と長男家族の生活を支えています。

二男は安定した職についていますし、アパート収入は妻と長男に渡していきたいと思っていますが、妻が最近物忘れが多く、軽い認知症が出始めているんじゃないかと心配しています。

今はまだ元気ですが、どちらにせよ、妻も長男も賃借人とのやり取りや修繕など不動産の管理はできないため悩んでいます。

司法書士

そうしますと、アパートの管理についても二男様にお願いしていくのがいいかもしれません。

例えば、以下のようなかたちになります。

委託者　Ａさん
受託者　二男様
受益者　Ａさん
第二受益者　奥様・長男様
第三受益者　長男様・二男様
帰属権利者　お孫様

このようにすることで、アパートの管理を二男様にまかせつつ、賃料収入については奥様と長男様がもらえるようにすることができ、奥様が認知症を発症してしまったとしても、遺産分割協議も不要ですし、ご相続発生後も不動産の名義人は二男様になりますので、二男様が修繕や賃貸借契約の対応をすることができます。

二男様がきちんと管理をしているかを監督してもらうために、信託監督人を選任することや、二男様に受託者として負担をかけてしまいますので、受託者報酬を定めること、長男様が二男様に対し、過大な賃料の請求をしてくる可能性があるのであれば、長男様へお渡しする月額の金額を決めるといったことを行ってもいいかもしれません。

第二受益者の受益権割合については、税理士の先生に相続税も計算してもらいながら決めていきましょう。

次に、ご自宅と預貯金についてはご希望がございますか？

Aさん

自宅と預貯金は一緒に住んでいる二男に渡したいと考えています。

二男には長男家族と妻の面倒を見てもらうという負担をかけてしまうので……

司法書士

分かりました。一緒に住んでいる方がご自宅を承継しますと小規模宅地の特例が受けられる可能性があります。特に今後ご自宅を売却したり賃貸したり処分運用する予定がないのであれば、ご自宅と預貯金は二男様へお渡しするような遺言書の作成の検討をし、小規模宅地の特例についての詳細は税理士の先生に相談しましょう。

小規模宅地の特例とは、相続によって取得した財産のうち、相続開始の直前において被相続人の事業用または居住用に供されていた宅地のうち一定の面積までの部分については、相続税の課税価格に算入すべき価額の計算上、一定割合を減額できる制度です。

遺言書の作成をする上で、遺言書の内容を実現する遺言執行者を選任することができます。遺言執行者を選任すると実際の相続発生時の手続きがスムーズに進みますので、二男様に遺

【図16】国税庁HPより

減額される割合等

小規模宅地等については、相続税の課税価格に算入すべき価額の計算上、次の表に掲げる区分ごとに一定の割合を減額します。

<table>
<tr><th colspan="3">相続開始の直前における宅地等の利用区分</th><th colspan="2">要件</th><th>限度面積</th><th>減額される割合</th></tr>
<tr><td rowspan="5">被相続人等の事業の用に供されていた宅地等</td><td colspan="2">貸付事業以外の事業用の宅地等</td><td>①</td><td>特定事業用宅地等に該当する宅地等</td><td>400㎡</td><td>80%</td></tr>
<tr><td rowspan="4">貸付事業用の宅地等</td><td rowspan="2">一定の法人に貸し付けられ、その法人の事業（貸付事業を除きます。）用の宅地等</td><td>②</td><td>特定同族会社事業用宅地等に該当する宅地等</td><td>400㎡</td><td>80%</td></tr>
<tr><td>③</td><td>貸付事業用宅地等に該当する宅地等</td><td>200㎡</td><td>50%</td></tr>
<tr><td>一定の法人に貸し付けられ、その法人の貸付事業用の宅地等</td><td>④</td><td>貸付事業用宅地等に該当する宅地等</td><td>200㎡</td><td>50%</td></tr>
<tr><td>被相続人等の貸付事業用の宅地等</td><td>⑤</td><td>貸付事業用宅地等に該当する宅地等</td><td>200㎡</td><td>50%</td></tr>
<tr><td colspan="3">被相続人等の居住の用に供されていた宅地等</td><td>⑥</td><td>特定居住用宅地等に該当する宅地等</td><td>330㎡</td><td>80%</td></tr>
</table>

特例の適用を選択する宅地等が以下のいずれに該当するかに応じて、限度面積を判定します。

特例の適用を選択する宅地等	限度面積
特定事業用等宅地等（①または②）および特定居住用等宅地等（⑥） （貸付事業用宅地等がない場合）	（①＋②）≦400㎡ ⑥≦330㎡ 両方を選択する場合は、合計730㎡
貸付事業用宅地等（③、④または⑤）およびそれ以外の宅地等（①、②または⑥） （貸付事業用宅地等がある場合）	（①＋②）×200/400＋⑥×200/330＋（③＋④＋⑤）≦200㎡

（注）特例を適用する宅地等が配偶者居住権の目的となっている建物の敷地の用に供される宅地等またはその宅地等を配偶者居住権に基づき使用する権利の全部または一部である場合には、その宅地等の面積に、それぞれその敷地の用に供される宅地等の価額またはその権利の価額がこれらの価額の合計額のうちに占める割合を乗じて得た面積を、特例を適用する宅地等の面積とみなして、上記の算式を計算します。

言執行者になってもらうのもいいかもしれません。

遺言執行者は不動産の名義変更や金融機関での預金解約手続きなど、遺言の内容を実現するために必要な全ての対応をする人です。

【対策のまとめ】

Aさん

・生命保険1500万円分加入→受取人は二男

・遺言書の作成　自宅+預貯金を二男へ

・信託契約書の作成

①長男の自宅：第二受益者を長男→帰属権利者を長男の子

②アパート：第二受益者を妻と長男→妻死亡後の受益者を二男→帰属権利者を長男の子

奥様

・生命保険金1000万円加入→受取人は二男

・遺言書の作成　全て二男へ

この事例を通じて伝えたいこと

・課題を解決する上での選択肢はいくつかあり、それぞれのメリット・デメリットを理解した上で、家族の実情に合った選択が必要です。
・法務と税務の一方のみといった部分的なものではなく全体を見て最適解を見つけていくことが大切です。

お一人様の終活支援から相続手続きまでワンストップで対応

杉森真哉

家族構成

本人（Tさん・二女）：86歳
夫：5年前に死別
子ども：なし
相続人は、本人の兄弟、その甥姪

家系図

┌長女死別
├本人（Tさん・二女）
└長男死別――長男

「二男

「二男

「三男死別――長女

「長男

「二男

「三女

財産状況

現預金：1000万円

不動産：自宅1500万円

合計：2500万円

状況整理

・夫は15年間闘病の末、5年前に死別。

・夫の闘病を見ているので、延命措置は受けたくない。

・相続人が兄弟姉妹になるので、九州で本家を継ぐ甥に全て相続させたい。

相談者（Tさん）の相談内容

・家族が近くにいないので、万が一の時にサポートしてくれる家族がいない。
・将来の認知症も心配。
・自分の葬儀をあげてくれそうな親族が近くにいない。
・身元保証人になってくれる親族がいないので、介護施設に入所が難しいと言われた。

専門家のアドバイス

Tさん

私が亡くなった場合に、私の持っている財産や預貯金は誰が相続するのでしょうか？

相続コンサルタント

相続とは、誰に、何を、どのくらい引き継ぐかという大事な行為です。その際に一番大事なことは遺言書があるか？ないか？です。遺言書があるかないかで相続手続きの内容などが全く変わります。遺言書があれば、遺言書の内容に従って、財産は遺言書で指定した人に、指定した財産を、引き継ぐことが可能になります。もし遺言書がない場合には、Tさんが亡くなった後に相続人が話し合いをして、遺産分割協議書という合意書を作成し、財産を引き継ぐことになります。その時に、誰が相続人になるかというのは、法律で決まっています。子どもがいれば子どもに、子どもがいなければ親が相続人になります。子どもも親もいなければ、兄弟が相続人になります。

今回のTさんの場合には、夫もいない、子どももいないので、Tさんのご兄弟が相続人になります。もしご兄弟が亡くなっていれば、その子どもである甥や姪が相続人になるのです。誰が相続人か把握できますか？

Tさん

そんな広い範囲まで相続人が広がるのですね。それは知りませんでした。私の兄弟は5人いますが、既に3人は他界しています。そのうち2人は子どもがいて、それぞれ2人、3人います。そうなると相続人は何人ですか？

相続コンサルタント

相続人は7名になります。

もし遺言書を書かなかったら、Tさんが亡くなった後に、7人の方に権利がありますから、みんなで遺産分割の話し合いをして、合意して相続の手続きを進める必要があります。埼玉県にお住まいの親族はいますか？

Tさん

実は私しか埼玉県にはいないのです。本家は九州ですから、元々九州に住んでいたのですが、甥姪はどこにいるのか分かりません。

相続コンサルタント

そうすると、とても大変な相続になりそうですね。なぜかというと、音頭を取ってまとめる人もいないので、皆さんもどう対応していいのか迷うと思うからです。財産を相続させたい人はいませんか？

Tさん

実は本家を継いでいる甥に財産を引き継ぎたいと考えています。

相続コンサルタント

それであれば遺言書でその甥に財産を継ぐ旨を書いた方がいいと思います。その時に注意点があります。遺言書では遺言執行者を決めることができます。遺言執行者とは、遺言書の内容に従い、財産を引き継ぐ手続きを執行する人です。Tさんの場合には、遺言執行者を決めて、手続きをしてくれる人を入れた方がいいと思います。

Tさん

遺言執行者は、財産を渡す甥でもいいのでしょうか？

相続コンサルタント

甥でも構いませんが、財産の全てを受け継ぐ甥が遺言執行者を担当するとなると、自分で自分に財産を渡すために手続きすることになります。

遺言執行者は、遺言執行をする際に、相続人に自分が執行者になることや、遺言書の内容などをお伝えしなければならないため、できれば利害関係者ではなく、第三者の専門家にした方が無難だと思います。

あと遺言書を書かないと、相続の手続きでも困ることが多々あります。

亡くなると、役所への手続きとして、健康保険証、介護保険証など様々な証明書を返却する必要があります。その際に還付金があると振込先の口座の提出を求められますが、相続先が決まっていないと、それも役所に届出できず、相続人が決まってから再度申請する必要があります。

また亡くなった後に支払う介護サービスの支払いも誰が支払うのか、重要なポイントになります。口座が凍結されなければ、そのまま引落しもできますが、凍結されてしまうと誰かが代理で支払う必要もあります。遺言書などでその対応をする人も事前に決めておくと非常にスムーズに行きます。

Tさん

承知しました。検討してみます。あと遺言の他に、尊厳死宣言書も書きたいのですが可能でしょうか?

夫が脳梗塞で15年間入院していたのを見ているので、私は延命措置してほしくないのです。

相続コンサルタント

お気持ちは非常に分かります。ただし、尊厳死宣言書は法的な文書ではなく、書いた方の意思表示をする書類にすぎません。

絶対に延命措置をしたくないと言っても、最終的には担当医師の判断になるので、そうなるかは分かりません。でも意思表示するのは大切だと思います。

あとは作成時には、ご家族にもきちんと情報共有して、尊厳死宣言書を書いたから意思を尊重してほしいということを伝えておいた方が、いざという時にトラブルにならないと思います。

Tさん

亡くなった時の遺言書や尊厳死宣言書のことは理解できました。ありがとうございます。ところでこれからのことをご相談させてください。お伝えした通り、私には近くに住む親族がいないので、何かやっておいた方が良いことはありますか？

相続コンサルタント

家族がなく、親族も近くに住んでいない場合には、困ることが沢山あります。例えば、ケガや病気などで入院する場合には、家族が保証人になり、保証金を支払うことを要求されます。知り合いの関係では、保証人という立場を受けてもらうのは、なかなか厳しいです。

また緊急入院などで病院に運ばれ、手術が必要な場合にも家族の同意が求められます。そんな方を用意しておくことが必要になります。

Tさん

そんな時は後見人を付けなさいとアドバイスを受けたことがありますが、私は後見人を付けたくありません。

相続コンサルタント

なぜですか？

Tさん

実は亡くなった夫は、15年も入院していたのですが、意思表示ができなくなった時に後見人を付けました。私は夫の銀行口座から生活費を引き出して生活していたのですが、後見人が付いてから、後見人が夫の預貯金を管理することになり、私が生活費を自由に引き出すことができなくなりました。

私は、夫婦の共通財産なのだから、自由に使えないのはおかしいと主張したのですが、銀行口座の通帳などは後見人の弁護士さんが全て持っていってしまい、私はお金がなくて苦労しました。

夫が亡くなり後見人の契約が終わってから、相続で夫の通帳口座を相続することで、通帳を取り戻すことができたのですが、残高を見たら、弁護士さんに支払った報酬でほとんどお金が残っていませんでした。

相続コンサルタント

それは大変でしたね。後見人を付けずに対応する方法もありますので、ご提案しますね。後見人＝本人で、後見人は本人の財産を減らさずに守ることが仕事なので、Tさんの旦那様のようになってしまいます。私たちがお勧めしているのは、外部の第三者に家族の代わりをしてくれる人を依頼する方法です。家族の代わりをしてくれる人を、身元保証人といいます。身元保証人は、家族に代わって緊急時に病院に駆けつけ、入院の際には保証人の役割もしてくれます。入退院の手続きもお願いすることができます。またTさんはまだお元気なので、入院対応よりも介護施設への入所の際に身元保証人が必要になるかもしれません。

介護施設に入所する際には、身元保証人を付けることが入所条件になります。子どもなどのご家族であれば、身元保証人を受けてくれますが、兄弟や甥姪だとお金の支払いリスクを背負いたくないということで、身元保証人になってもらえないケースが多々あります。

私も身元保証人をしたことがありますので、その経験をお話しさせていただきますね。介護施設に入所する際には、入所するのに様々な備品などを揃える必要があります。介護施設のお部屋って、ホテルと違って何も用意されておらず、入所する人が備品を揃えないといけません。その時私は、１００円ショップに行って雑貨を揃えて、ドラックストアで石鹸・シャンプーなどの生活用品を揃え、ホームセンターで布団やシーツ、カーテン、チェストを揃え、家電量販店でテレビ、冷蔵庫などを1日で揃えました。

これを家族がやるのは本当に大変だと思いました。

【表7】後見人と身元保証人の比較

	後見人	身元保証人
制度開始	本人の判断能力が低下した時点で家庭裁判所へ申立てが必要 認知症になってから利用	意思能力のあるうちに契約が必要 認知症になると契約不可
財産管理方法	法律に定められた制度に従い管理	契約で条件を決めるので柔軟に決められる
外部の第三者からの信頼性	裁判所へ申立てて公になるため、金融機関などからも信頼性あり	当事者の契約のため さらに家族の承認などの証明を求められることもあり

あと夜中にお客様が救急車で緊急搬送されて病院に付き添ったこともあります。その際にも、家族の代わりに医者の先生から病状を聞いたりしました。その時は一晩病院で様子を見て、翌朝検査して異常がないということで、病院からは翌日早朝に電話がかかってきて、できるだけ早く迎えに来てくれということで、病院に迎えに行き、自宅まで送り届けたこともあります。

最悪の場合の話ですが、施設に入所しているお客様が倒れて緊急搬送されて、生死の境をさまよってしまったこともあります。その際には、病状を遠方の家族に伝え、病院にその日のうちに来てもらい、存命のうちに面会するように段取りをしたこともあります。

残念ながら、そのお客様は翌朝未明に亡くなってしまいました。

その時は、午前3時過ぎに病院から電話があり、前日から病院の近くに宿泊していた親族にも連絡して、病院に駆けつけてもらい、最後のお看取りをしていただきました。

病院は患者が亡くなると、すぐに葬儀業者に引き取ってもらうように要求されます。

それが事前に想定されたので、死後1時間以内に病院にお迎えに来てもらい、ご遺体を安置する場所に搬送する手続きもしました。

その後、葬儀業者を呼んで葬儀打合せをしました。

親族も遠方から来ているので、すぐに葬儀・火葬したいということで、早めの葬儀を希望されたのですが、火葬場もコロナ禍の影響で予約が一杯で3日後になってしまいました。

人が亡くなるとやることは葬儀だけではありません。

入所している介護施設の入所契約も、亡くなるとその時点で終了となります。

そうすると、速やかに施設から家具や家電、備品などの一切のものを引き上げ、退去することを要求されます。

そのため、まずは施設担当者と連絡を取り合い、施設を退去する手続きをしました。

また、ものを引き上げなければいけませんから、親族にも協力してもらい、施設から引き上げを実施しました。このお客様は、まだご自宅があったので、引き上げたものは自宅に運び込むことができましたが、ご自宅がない場合には、処分業者に頼んで廃棄処分の手続きをする必要があります。

また、親族が遠方から来ている場合には、葬儀・火葬が済めば、それぞれの生活に戻らなければならないので、ご自宅などの後処理はそのままにせざるを得ない場合もあります。

このお客様はマンションの一室を所有されている方でしたが、管理組合との話し合い、管理費の支払先の変更手続き、ご近所の方への挨拶などやることは盛り沢山でした。

そんなことも対応させていただきました。

Tさん

それを考えたら、親族とも話をして、遠方からの対応が難しければ、近所で信頼のできる専門家の方に頼まないと難しいですね。そんなに大変だとは思いませんでした。

相続コンサルタント

身元保証人の契約も取り扱い会社によって様々ですから注意してくださいね。一時金としてまとまったお金を支払うところもあれば、月々の支払いで対応してくれるところもあり、対応は様々です。また契約内容も様々です。ちなみに当社では、家族の代わりとなる身元保証人も2段階に分けて対応しています。

まずは元気なうちの生活支援として、病院への付添い、買物や銀行への付添い、緊急時に病院への駆けつけ対応ができる「身元引受人」という立場のサービスです。つまり「お金の負担や責任を負わない家族の代わり」です。そして判断能力が落ちて、金銭管理もできなくなった、または施設入所の際の金銭的な保証人まで対応する「身元保証人」という立場のサービスです。このように二段構えで家族の代わりにサポートする体制を作っています。「身元保証人」は後々だと思いますが、契約だけは予め結んでおくことができます。費用は現時点では発生しませんので、ご安心ください。

あと生前に不動産の売却などが必要になる場合には、家族信託（民事信託）契約も対策方法として検討の余地があります。なぜなら認知症になると、不動産売却などの法律行為ができなくなるからです。家族信託契約は、文字通り「家族を信じて託す」という仕組みです。

（※別項で詳細説明があるため、ここでは割愛）

Tさん

では生前は、身元保証人や家族信託を使えば、事前対策ができそうですね。亡くなった後は、遺言書を作れば安心ですね。

相続コンサルタント

亡くなった後ですが、遺言書があれば大丈夫かというとそうではありません。できれば死後事務委任契約を依頼しておくと良いでしょう。遺言書ではカバーできない範囲が多々あるからです。役所への届出に始まり、葬儀・埋葬などの代行・サポート、所有する不動産の管理、片付けなどがあり、遠方の親族に依頼すると、本当に大変な負担になります。

Tさん

丁寧に説明ありがとうございました。

【表8】遺言執行業務と死後事務委任契約の業務内容

遺言執行業務	死後事務委任契約
相続人の調査 相続財産の調査 相続財産目録の作成 相続財産の名義変更等の手続き	役所届出（死亡届、戸籍、年金手続き） 葬儀・埋葬に関する手続き 住居の管理、片付け 各種契約の解約、精算

この事例を通じて伝えたいこと

・相続人が兄弟や甥姪になる場合には、遺言書の作成が必須です。
・加えて死後事務手続きの委任契約の締結が必要です。
・また生前に施設入所などに必要な身元保証人は、親族であっても断られることも多いので、身元引受人や保証人などを受けてくれる専門家を見つけておきましょう。

後継者に事業承継する経営者Aさん

長野拓矢

家族構成

本人（Aさん）：72歳
妻：70歳
長男（後継者）：45歳
長女：42歳
二男：39歳

財産状況

現預金：1億6000万円
自社株式：2億2000万円
保険：2000万円
不動産：自宅5000万円、会社本社1億円、貸アパート6000万円
合計：6億1000万円
※会社借入3億円（個人保証あり）

状況整理

・Aさんは先代から製造業の会社を引き継ぎ2代目。
・先代から相続したときに相続税が高く土地を一部売却した。
・Aさんも高齢になり、そろそろ事業承継がしたい。
・Aさんが65歳のときに自社株式を後継者である長男に渡そうとしていたが税負担が重く断念。
・その後も、タイミングを逸して、自社株式を承継できずに今に至る。
・子どもたちには平等に財産を分けたい。
・会社借入に個人保証が付いていることが後継者にとって重荷。

相談者（Aさん）の相談内容

・どうやって自社株式を承継すればいいのか。
・子どもたちに平等にあげたいが後継者に財産が集中してしまう。
・個人保証を解消する方法はないか。

専門家のアドバイス

税理士

まず自社株式の承継方法についてお答えいたします。承継方法は大きく分けて三つあります。一つは相続です。Aさんがお亡くなりになってから、それぞれの相続人がAさんの財産を相続します。遺言があれば遺言に従って財産を分け、なければ相続人同士が話し合いをして財産をどう分けるか決めます。おそらくAさん自身も先代から相続で自社株式を承継したのではないでしょうか。

Aさん

はい、相続で自社株式を承継しました。なぜ分かったのですか。

税理士

Aさんが承継したときに相続税が高かったと伺ったからです。おそらく先代がお亡くなりになった頃は、景気も良く、ちょうど御社の株価も高かったのかもしれません。

Aさん

今も先代に負けぬよう頑張っているのですが、私が先代から仕事を教わっていた時代は確かに景気が良かった印象があります。そんな一言で分かってしまうのですね！

あのときは相続税ってこんなにかかるのかと驚きました。納税するお金もなく、保有していた土地を売却しました。自分の子どもには相続のときに苦労させたくないので、何か上手い方法があれば教えてください。

税理士

事業承継に携わっていると、自分が相続したときに相続税で悩んだから自分の相続のときはどうにかしたいという経営者に多くお目にかかります。それだけ自社株式の取り扱いに、相続の際、苦労されたのだろうとお察しいたします。

そのため、相続・事業承継の専門家として、別の承継方法もご案内しています。それが贈与と譲渡という二つの方法です。

この二つの方法は生前に承継することが最大の特徴です。そのため、自社株式を渡すときにAさんが自分の気持ちを後継者である長男にしっかり伝えることができます。なかなか男同士だと気持ちを伝えることに気恥ずかしさもありますが、そこは、専門家である我々が間に入ってサポートさせていただきますので、ご安心ください。

税金面でもメリットがあります。株価というのは、業績が良いと高くなり、業績が低迷すると低くなります。そのため、あえて業績を悪化させ株価を低くすることができれば、承継時の税金も安くなります。このように、株価が低い時期を狙って承継時期を選びます。生前ですと、承継前にシミュレーションを行えば株価が想定できるので、事前に負担する税金も試算できることがメリットです。相続の場合はこうはいかないですよね。

Aさん　承継するときの税金が事前に分かると、納税する資金の準備もできるからいいですね！

税理士　はい、いざというときに納税する資金がないと、最悪の場合、不動産を売却することになるかもしれませんので、まずは試算することが大事です。

時折、株価だけ試算したことがあるという経営者の方もおられますが、結局のところ、自社株式を承継していくら税金がかかるかがポイントですので、税金計算までしないといけません。

Aさん　分かりました。先生の話を聞き、生前に承継したほうが良いかと思いましたが、贈与と譲渡はどういう違いがありますか。

税理士　ご質問ありがとうございます。ご興味抱いてくださり私も嬉しいです。

贈与と譲渡の違いは、後継者が自社株式を承継したときに、その対価があるかどうかです。

贈与はAさんから後継者に自社株式を承継したら対価はなくそれで完了です。一方、譲渡は承継したら自社株式承継時の時価相当額を後継者がAさんに支払う必要があります。

Aさん

違いは分かりました。対価、つまり、お金のやり取りをするかどうかということですね。
ただ、子どもが会社を継いでくれるというのに、さらにお金まで子どもからもらおうとは思いません。この譲渡を選ぶ経営者の方はいらっしゃるのですか。

税理士

Aさんのお気持ちはよく分かります。ただ、意外とこの譲渡を選ぶ方もいらっしゃいます。

Aさん

それはどんな方ですか。

税理士

それは子どもが複数いらっしゃる経営者の方です。Aさんは経営者であると同時に父親でもあります。経営者としては後継者に自社株式や事業用不動産など財産を集中せざるを得ない一方、父親としては財産を平等に分配したいとお考えになることでしょう。そのため、このままでは相反する方針となってしまいます。
しかしながら、譲渡を選択した場合、自社株式という平等に分配できない財産が、譲渡後は金銭という自由に分配できる財産に変わります。そのため、後継者以外の子どもたちには、金銭を渡すことが可能になります。
このように、譲渡を選択することで、後継者に自社株式を全て渡せる一方、後継者以外の子どもたちにも自社株式以外の財産を分配し平等に分配することが可能になります。

Aさん なるほど！　うちの家族には適した方法だと思いました。考えようによっては選択肢の一つになりますね。ただ、うちの会社の株式を全部譲渡した場合、後継者の金銭的負担がかえって心配です。

税理士 贈与と譲渡のどちらか一方でなく、所有株式の半分は譲渡、残り半分は贈与といった方法でも大丈夫ですよ。どのくらいの割合がAさんの家族に適しているかいくつかシミュレーションして検討していきましょう。
なお譲渡の場合、譲渡価額と取得価額の差額が売却益となるため、この売却益に20・315％の税金がかかることも留意が必要です。
表9に承継方法別のメリット・デメリットを一覧にしてみましたので、こちらをご覧いただき一度整理されてみてください。

Aさん 分かりました。ありがとうございます。

税理士 もう一つの方法である贈与も使い勝手がいい方法です。この贈与を活用する場合、いわゆる110万円の暦年贈与ではなく、相続時精算課税制度による贈与（以下、相続時精算課税贈

【表9】承継方法別メリット・デメリット

承継方法	承継時期	税率	メリット	デメリット
相続	相続後	累進税率 10%～ 55%	・生前に何も考えなくていい ・相続まで経営者が経営権を確保できる	・株価が高額なときに相続が発生した場合、税負担が重い ・後継者が相続まで経営権を確保できない ・遺言がないと後継者が自社株式を全部相続できるとは限らない
贈与	生前	累進税率 10%～ 55%	・渡す人が自分の意思をもって、特定の人（後継者）に財産を渡すことができる ・もらう人（後継者）は取得資金が不要	・暦年贈与の場合、税負担が重い ・相続時精算課税制度による贈与の場合、相続時に失念しないよう管理しておく必要がある ・将来の相続発生時に、遺留分の問題が生じる恐れがある
譲渡	生前	一律 20.315%	・渡す人が自分の意思をもって、特定の人（後継者）に財産を渡すことができる ・譲渡対価を後継者以外の相続人に分配できる	・後継者は購入資金を用意しなければならない ・後継者が購入資金を借入した場合、一定期間、返済に苦慮する

与という）を利用します。

Aさん　なんですか、その、相続時精算課税贈与って。

税理士　実は贈与の方法は2種類あります。贈与しても110万円までは税金がかからないとニュースや新聞で聞いたことありませんか。これは暦年贈与といいます。この暦年贈与の場合、例えば、300万円贈与すると贈与税率10％、500万円贈与すると贈与税率20％というように、数百万円くらいでしたら税負担も抑えることができます。しかし、1000万円贈与すると贈与税率40％、3000万円贈与すると贈与税率50％というように、1000万円以上の贈与となると贈与税の負担が非常に重くなってしまうので、事業承継に暦年贈与は適しません（暦年贈与時の税率は表10・11を参考）。

一方、事業承継に適したやり方は、相続時精算課税贈与です。どういうことかといいますと、贈与税の負担を抑えることができるからです。具体的には、2500万円までは無税で、2500万円を超えた部分については、一律20％の税負担で済みます。

Aさん　20％で済むのでしたら、暦年贈与よりもこの相続時精算課税贈与がいいですね。私が保有している自社株式の株価総額は2億円を超えるので、暦年贈与ですと贈与税が1億円くらいかかってしまうところ、相続時精算課税贈与を活用すれば贈与税が4000万円くらいで済むということですね。贈与税負担が倍以上違うのは非常に効果が大きいですね。

税理士
はい、ただここからが少し複雑です。相続時精算課税贈与という言葉をよく見てください。税金を相続時に精算をしなければならないのです。

Aさん
どういうことですか。贈与税を払えばおしまいではないのですか。

税理士
はい、通常の申告のように贈与税を払っておしまいではありません。相続時精算

【表10】一般贈与（右記以外）

年間1,100千円の基礎控除後		税率	控除額
2,000千円以下		10%	0千円
2,000千円超	3,000千円以下	15%	100千円
3,000千円超	4,000千円以下	20%	250千円
4,000千円超	6,000千円以下	30%	650千円
6,000千円超	10,000千円以下	40%	1,250千円
10,000千円超	15,000千円以下	45%	1,750千円
15,000千円超	30,000千円以下	50%	2,500千円
30,000千円超		55%	4,000千円

【表11】特例贈与（18歳以上の者が直系尊属より受ける贈与）

年間1,100千円の基礎控除後		税率	控除額
2,000千円以下		10%	0千円
2,000千円超	4,000千円以下	15%	100千円
4,000千円超	6,000千円以下	20%	300千円
6,000千円超	10,000千円以下	30%	900千円
10,000千円超	15,000千円以下	40%	1,900千円
15,000千円超	30,000千円以下	45%	2,650千円
30,000千円超	45,000千円以下	50%	4,150千円
45,000千円超		55%	6,400千円

課税贈与を使って贈与税申告をすればひとまず完了です。しかし、将来、Aさんに相続が発生したとき、相続税計算上、相続時精算課税贈与を使って贈与した財産が相続財産としてみなされてしまうのです。つまり、相続時精算課税贈与を使って承継した自社株式も相続財産とみなして相続税を計算することとなります。

Aさん　なんだかメリットがあるのかどうか、よく分からなくなってきました。

税理士　お気持ちよく分かります。ちょっと混乱しますよね。
まず一番気になることは結局のところ相続時精算課税贈与を使ったほうがメリットはあるのかどうかだと思います。これは、会社が成長し続けるという前提でしたら、一般的にはメリットがあります。

Aさん　もちろん、会社を承継するということは今後も会社が続いていくということなので、今後も後継者である長男が頑張って成長させてくれるはずです！

税理士　私もそう思います。会社が成長するということは、会社に利益が出て、その利益が毎期溜まっていきます。つまり、内部留保が毎年厚くなっていくので、株価も毎年上昇を続けます。そのため、税負担という観点から見れば、早めに移転したほうがいいのです。このとき、相続時精算課税贈与を活用することで、暦年贈与のように50％近くの税金がかからずに、20％の税負担で早期に承継できることがメリットの一つです。後継者が早期に自社株式を保有することで経営に対して責任感も出てくるでしょう。

ここまでは大丈夫そうでしょうか。

Aさん

はい、大丈夫です。贈与時の税負担は、相続時精算課税贈与のほうが少ないということは分かりました。

税理士

はい、ご理解の通りです。ポイントはここからです。

相続時精算課税贈与を活用し自社株式を贈与した後、将来、Aさんに相続が発生した場合、Aさんの相続財産とみなし、相続税計算上、相続財産に持ち戻しするのですが、このときの株価が贈与時の株価で固定されること、これが二つ目のメリットです。

相続時精算課税贈与を使っても使わなくても相続財産になるのでしたら、一見、使うメリットがない印象を受けるかもしれません。ここで具体例を一緒に見ていきましょう。

例えば、贈与時の株価が30、相続時の株価が100だった場合、生前に贈与せず相続したとき、株価100で相続税を計算します。しかしながら、相続時精算課税贈与を使った場合、株価30で贈与しているため、相続税計算上、相続財産に持ち戻しするときの株価も30となります。相続時には100まで株価が上昇していますが、贈与時の株価30に固定されるので、その分、相続税の負担も抑えられるということとなります。

Aさん

なるほど。早めに贈与すればするほどメリットがありそうですね。こんな方法知らなかったです。メリットもあるということは、デメリットもあるのですか。

税理士

はい、デメリットもあります。会社が成長を続けるという前提でとご案内しましたが、もし将来的に会社が赤字になり株価が逆に下降したとしても、贈与時の株価に固定されてしまいます。例えば、贈与時の株価が30、相続時の株価が10だった場合、相続時の株価のほうが安いですが、相続時精算課税贈与を活用した場合、贈与時の株価30を使わなければならないのです。このケースの場合、かえって相続税の負担が増えてしまいます。しかしながら、将来に対してネガティブな気持ちがあれば事業承継しないはずなので、それほど悲観せず、事業承継後も後継者が頑張れば必ず会社は成長していきますよ。

他にもデメリットといいますか、注意点もあります。それが遺留分です。

Aさん

はい、遺留分はなんとなくですが知っています。遺留分対策のため、後継者以外の子どもたちにも財産をなるべく渡したいと考えていました。そのためにも、先ほどの譲渡という方法が我々には適しているかと思いました。

税理士
私もそう思います。良いご選択ですね。ご存じかと思いますが贈与における遺留分を確認していきましょう。
そもそも、遺留分の計算上、相続発生時の財産をもとに遺留分を計算するというのはご存じですね。

Aさん
はい、知っています。そして生前贈与した分も相続財産に持ち戻して遺留分を計算するのでしたよね。

税理士
はい、その通りです。その相続財産への持ち戻しされる生前贈与分を特別受益といいます。そして、この特別受益の持ち戻し期間が、令和元年の民法改正により、原則、相続開始前から10年以内の贈与に限定されることになりま

【図17】相続時精算課税贈与の比較

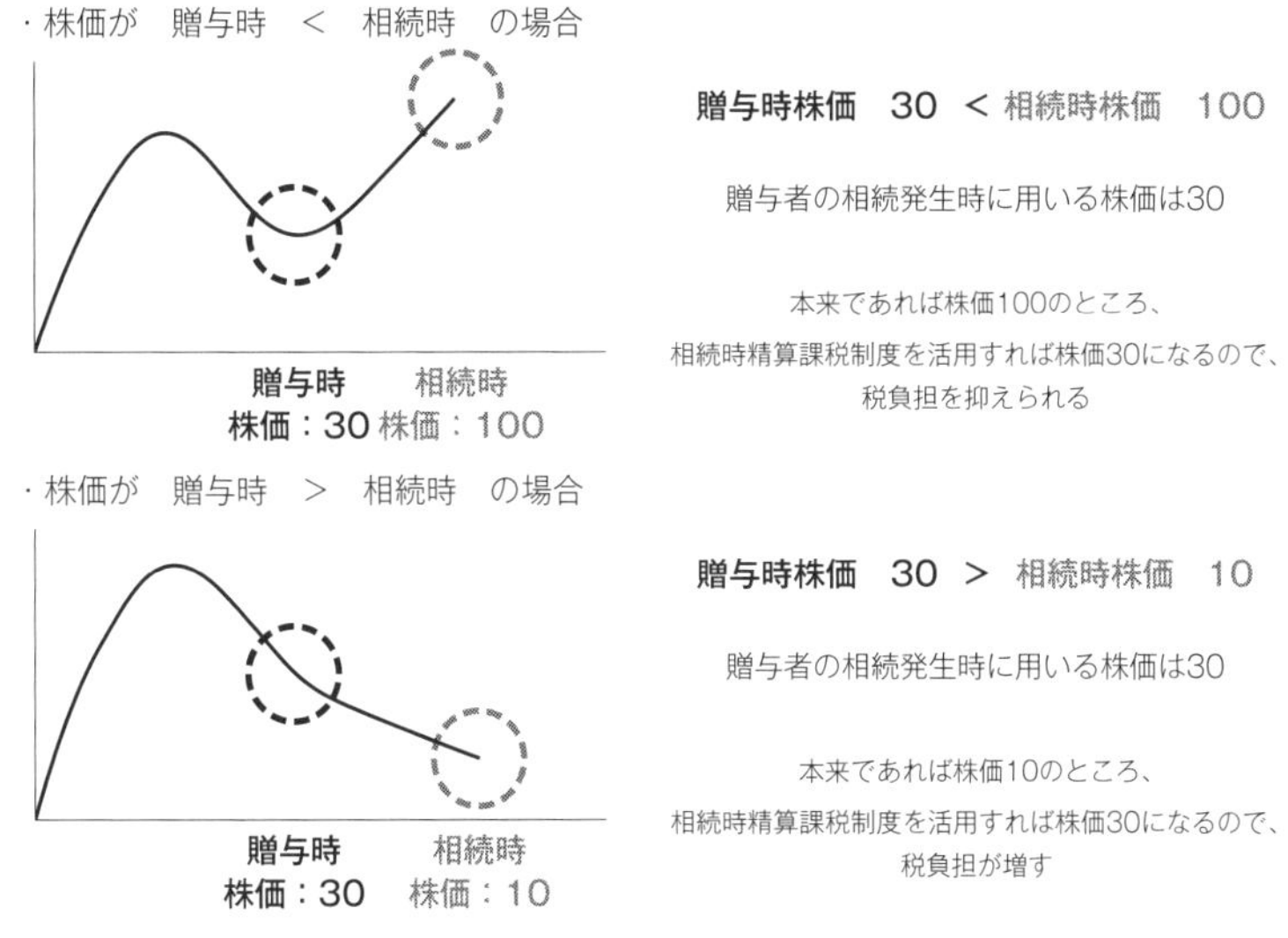
・株価が　贈与時　＜　相続時　の場合
贈与時株価　30　＜ 相続時株価　100
贈与者の相続発生時に用いる株価は30
本来であれば株価100のところ、
相続時精算課税制度を活用すれば株価30になるので、
税負担を抑えられる
贈与時
株価：30
相続時
株価：100
・株価が　贈与時　＞　相続時　の場合
贈与時株価　30　＞　相続時株価　10
贈与者の相続発生時に用いる株価は30
本来であれば株価10のところ、
相続時精算課税制度を活用すれば株価30になるので、
税負担が増す
贈与時
株価：30
相続時
株価：10

した。
そのため、自社株式を贈与されてから、10年以内にご相続が発生した場合は、遺留分計算上、生前贈与した自社株式も加える必要があるため、注意が必要です。
なお、実務上、遺留分対応は民法の話に及ぶため弁護士先生とも協力して対応していきますね。

Aさん
分かりました。自分の相続後も子どもたち皆が仲良く過ごせるよう遺留分にも配慮します。

税理士
はい！　素晴らしいお考えです！
では、生前に承継する方法で検討していきましょう。ここまで自社株式の承継方法について具体的に見てきました。贈与契約書や譲渡契約書、株主総会議事録などは司法書士先生とも連携し実行時は進めていきますね。

Aさん
はい、専門家に依頼したほうが安心なので、お願いいたします。ただ、今さらながら長男は自分が会社を継ぐことに二の足を踏んでいます。なぜかといいますと、経営者保証が気になっており、自分が会社を継いで、万が一のことがあったときに家族に迷惑をかけたくないそうです。長男の気持ちも分かります。自分も最初は怖かったですから。長男も最近子どもが生まれたので、家族を想う気持ちが強くなったのだと思います。

税理士
お孫さんが生まれたのですね。おめでとうございます！　経営者保証を外すサポートも我々が対応させていただきますね。

Aさん
そこまでサポートしていただけるのですか。それは非常に助かります。

税理士
事業承継に携わる専門家として、事業承継後に健全な経営ができるようになるまでサポートさせていただきますので、何でも相談してください。

Aさん
ありがとうございます。では、ずばりお伺いしますが、本当に経営者保証は外せるのでしょうか。

税理士
いいえ、一概にどの会社も外せるわけではありません。しかし、経営者は、家族を、そして、自分を守るためにも経営者保証を外す努力をすべきです。そして、経営者保証を外すポイントは、金融機関に「経営者保証を外してほしい」と打診することです。

Aさん
え、外してほしいと伝えれば、簡単に外してくれることもあるのですか。

税理士　はい、優良な会社は、すんなりと外してくれることも実際にあります。

これはなぜかといいますと、この経営者保証が、思い切った事業展開や早期の事業再生、円滑な事業承継を妨げる要因となっているのではないかと社会的に問題視され始めたからです。

この解決策として、全国銀行協会と日本商工会議所が「経営者保証に関するガイドライン」を策定しました。そして、このガイドラインに従い要件を充足すれば、経営者保証を外すことができます。

主な要件は次の三つです。

①法人個人の一体性の解消
②財務基盤の強化
③財務状況の適時適切な情報開示

【図18】経営者保証に依存しない新規融資の割合（中小企業庁HP参考）

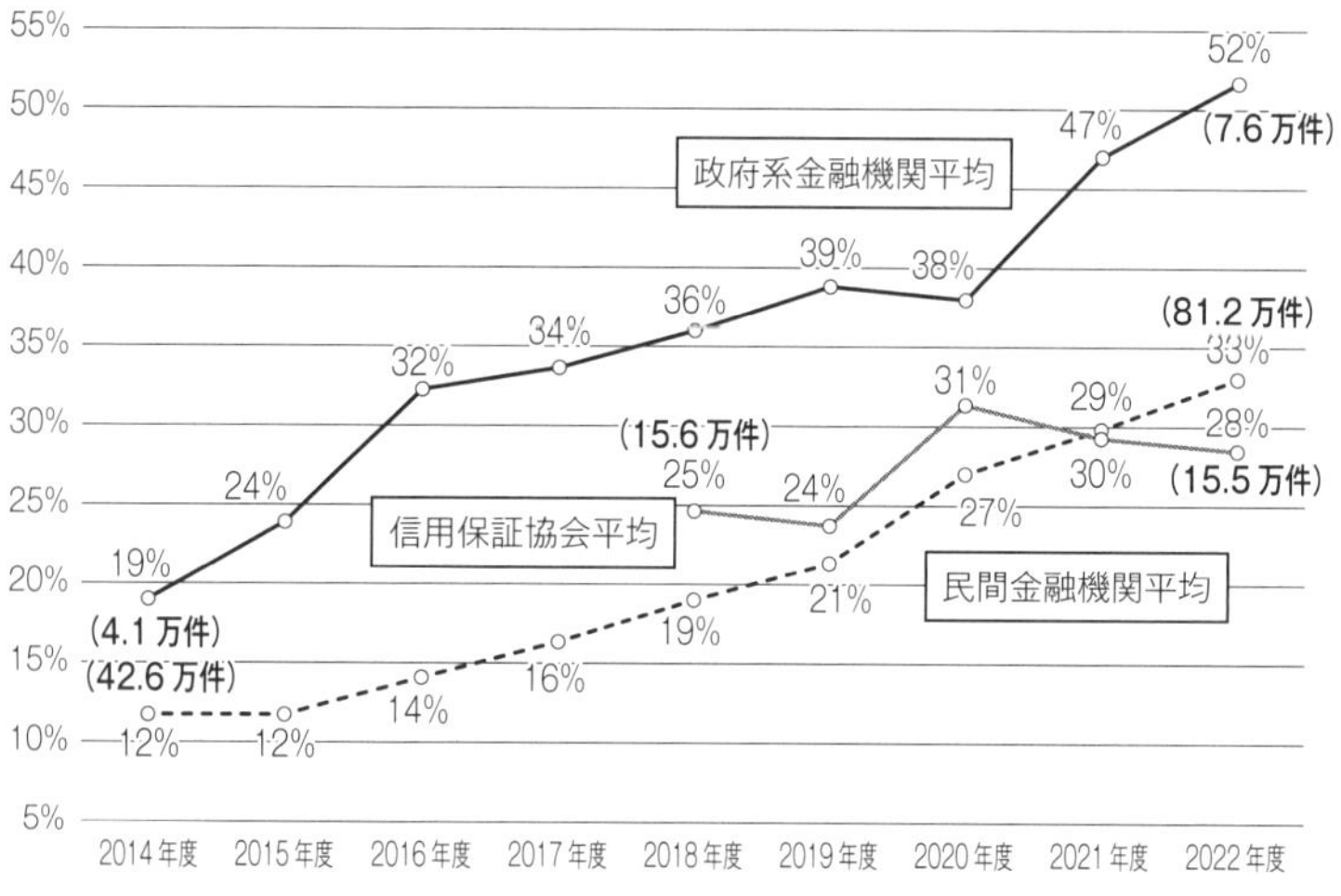

出典：https://www.chusho.meti.go.jp/kinyu/keieihosyou/#guideline

そして、この三つの要件を全てではなく、一部満たしているか、または、全部満たせていなくともこれから満たせれば、経営者個人保証が外せるかもしれません。

実際に、図18の通り、以前と比べて、経営者保証を取らない融資が増えています。

しかしながら、金融機関が率先して経営者保証を外すことはないため、経営者自らが金融機関に打診しないと経営者保証は外れません。

Aさん

なるほど！　金融機関の立場に立てば、経営者保証がないよりはあったほうがいいですものね。とは言っても、私も後継者である息子も家族を守るために、経営者保証は外したいので、早速、メインバンクに相談してみます！

この事例を通じて伝えたいこと

・自社株式の移転方法は相続・贈与・譲渡の三つのうち、贈与か譲渡が良い。
・贈与は相続時精算課税贈与を活用すべき。
・子どもが複数人いる経営者は譲渡を選択するのもあり。
・生前贈与は相続発生時の遺留分計算に影響する可能性あり。
・経営者保証を外す第一歩は金融機関に外したいと打診すること。

事業承継から不動産を活用して資産運用に繋げる

小柳裕基

家族構成

本人（Yさん・一人娘〔医療機関に勤務〕）：42歳
祖母：95歳
父：4年前　亡
母：10年前　亡
叔父（Sさん・父親の弟）：60歳

Yさん財産状況

会社株式：80％
不動産：自宅（4年前死亡時に相続済み）
現金：1億円

祖母資産状況

特になし

Sさん財産状況

会社株式：20％

会社状況

・都内にて日用品の製造、小売り業を展開。
・35年前、父が創業（Sさんは20％出資）。
・4年前、創業社長の父親が病気にて急死。後継者がいないため、外資系の会社に勤務していたSさんが急遽、勤務先を退職して社長に就任。
・コロナ禍前より、生活スタイルの変化により売上が年々減少している中、コロナ禍により売上が大幅に減少し赤字に転落。

会社PL

・コロナ禍前：売上10億円　営業利益　3000万円
・コロナ禍　：売上6億円　営業利益　▲4000万円

会社BS

・資産　8・4億円

※主な内訳　現金5億円　保険積立0・2億円　不動産3億円（時価8億円以上）
その他売掛金、商品在庫など0・2億円
・負債　0・7億円　（借入金、買掛金など）
・資本金　0・5億円

会社保有不動産の状況
・都内に、本社ビル兼倉庫保有　築20年　土地　80坪　延べ600坪
・郊外に、製造工場保有　築15年　土地　500坪　延べ350坪

本社ビルの利用状況
鉄筋コンクリート造7階建
1階から5階：事務所兼倉庫として使用
6階：社長室として使用
7階：応接室として使用

相談者（Yさん）の相談内容
・4年前父が急死した際、父が保有していた財産全てを相続した。
・当時相続税評価額は数億であったが、父と祖母と一緒に同居していたため自宅不動産に関し

ては、小規模宅地の特例が適用できた他、会社の死亡退職金の活用、父の死亡保険金などもあり、なんとか資産を切り売りせず相続税を支払うことができた。
・前々から相談を受けていたが、先日改めて叔父で会社の社長をしているSさんと会話し、1、2年以内に引退したい、社長を辞めたいと正式に言われた。
・私は、家業に興味が全くなく会社も引き継ぐつもりはなく、また会社には良い後継者もいないため、叔父のSさんは廃業か会社全体をM&Aで売却することを考えている。
・私は父が残してくれた本社の場所をとても気に入っており、本社不動産は手放したくない。現在の私の仕事はコロナ禍の影響もあり多忙で、体力的に厳しくなっており長くても10年以内に辞めようと思っている。現在の仕事を辞めた後の収入も含め本社建物はまだ築20年で使えるため本社ビルをリフォームし外部へ貸すなどの有効活用をして将来に向けて安定収入を確保することも考えたいが、Sさんの考えも含め何か良い方法がないかアドバイスをいただきたい。

専門家のアドバイス

相続コンサルタント

Yさんのお考え、お気持ちはよく分かりました。

現状伺っている限りでは、会社分割という方法が良いのではと思っております。

具体的には、現在の会社を、本社のみの不動産（一部現金や保険証券など含む）を保有する資産管理会社と日用品事業の製造、小売り、卸売り業を行う事業会社に分割をし、事業会社のみをM&Aなどで外部へ売却する方法が考えられます。
会社の事業もコロナ禍前は一定程度収益を上げられており、廃業よりは事業をM&Aなどで売却された方が良いかと思います。

税理士

仮に会社分割し不動産のみとした場合の会社名は、現在のままで大丈夫です。弊社が顧問の不動産資産管理会社の社名で、○○商店、○○製作所、などがございます。これらの会社は元々社名の通り、別の事業を行っていました。しかし後継者不足や社会情勢の変化により、事業の廃業や会社分割などの方法により事業譲渡を行い、残った会社は、不動産を中心とした（一部現金や保険証券など）資産管理会社として存続させ元々会社が保有していた不動産をリフォームや、新たに建物を建設するなどの有効活用を行い収益を上げております。ただ具体的な提案を行うには、やはり現社長である叔父のSさんのお考えや想いを深く把握する必要や、税務的なことも検証しなければならないため、叔父のSさんとのご面談をセッティングしていただけますでしょうか。

Yさん

その方法は良いですね。父が残してくれた不動産の他、会社名にも愛着がありできれば残したいと思っていました。叔父のSさんとの面談を調整します。

【後日、本社にて、社長で叔父のSさんと面談】

Sさん

・Yさんから話は聞いている。

・私は勤めていた金融機関を定年後、退職金と亡くなった兄との約束で会社の株を買い取ってもらい、老後を妻とゆっくり過ごしたかったが兄が急に他界し、後継者がいないため仕方なく会社を引き継ぎ今までなんとか継続してきた。しかしコロナ禍や、体力的なこともあるため後1、2年で引退したいと思っており、先日、姪のYさんへ正式に打診を行った。

・現在の考えは、会社に現預金もあるため廃業し従業員に退職金を渡すことも考えているが、高齢の社員も多く再就職は難しいと思われ、従業員のことを想うと決心がつかない状況。

・以前、取引先の金融機関に少し相談したことがあるが、会社全体のM&Aは可能で数億で売れると言われた。ただ、この場合、従業員がM&A先の会社に馴染めるか、またすぐに解雇されてしまわないか心配である。さらに、Yさんの想いにも沿えない状況。

相続コンサルタント及び税理士

Sさんのお気持ちはよく分かりました。M&Aを行う場合の経営者様のお気持ちは次の統計資料（図19）の通りで、皆さま従業員のことをご心配されております。

また、先日Yさんとの面談でYさんの本社不動産に対する想いも伺っております。Sさん、Yさんの想いや現状を総合的に鑑みますと、①現在の会社を、不動産のみを保有する資産管理会社と事業会社に分割をする。②事業会社のみを売却（M&A）する。③存続会社にて不動産活用などの資産活用を行う方法が良いかと思いますがいかがでしょうか。

Sさん

会社分割後の事業会社のみをM&Aで売却する場合、何か問題点はございますか。

税理士

もちろん税務的な問題はございますが、一番は、買い手側が、この会社（事業）をどのように評価し、その評価や考えがSさんの想いと合致しているかだと思います。買い手企業側は一般的に図20のようなことを重視して確認しております。

相続コンサルタント

また特に、Sさんが気にされておりました従業員の雇用確保につきましては、一般的には良い買い手先があり、M&

【図19】売り手としてM&Aを実施する際に重視する確認事項

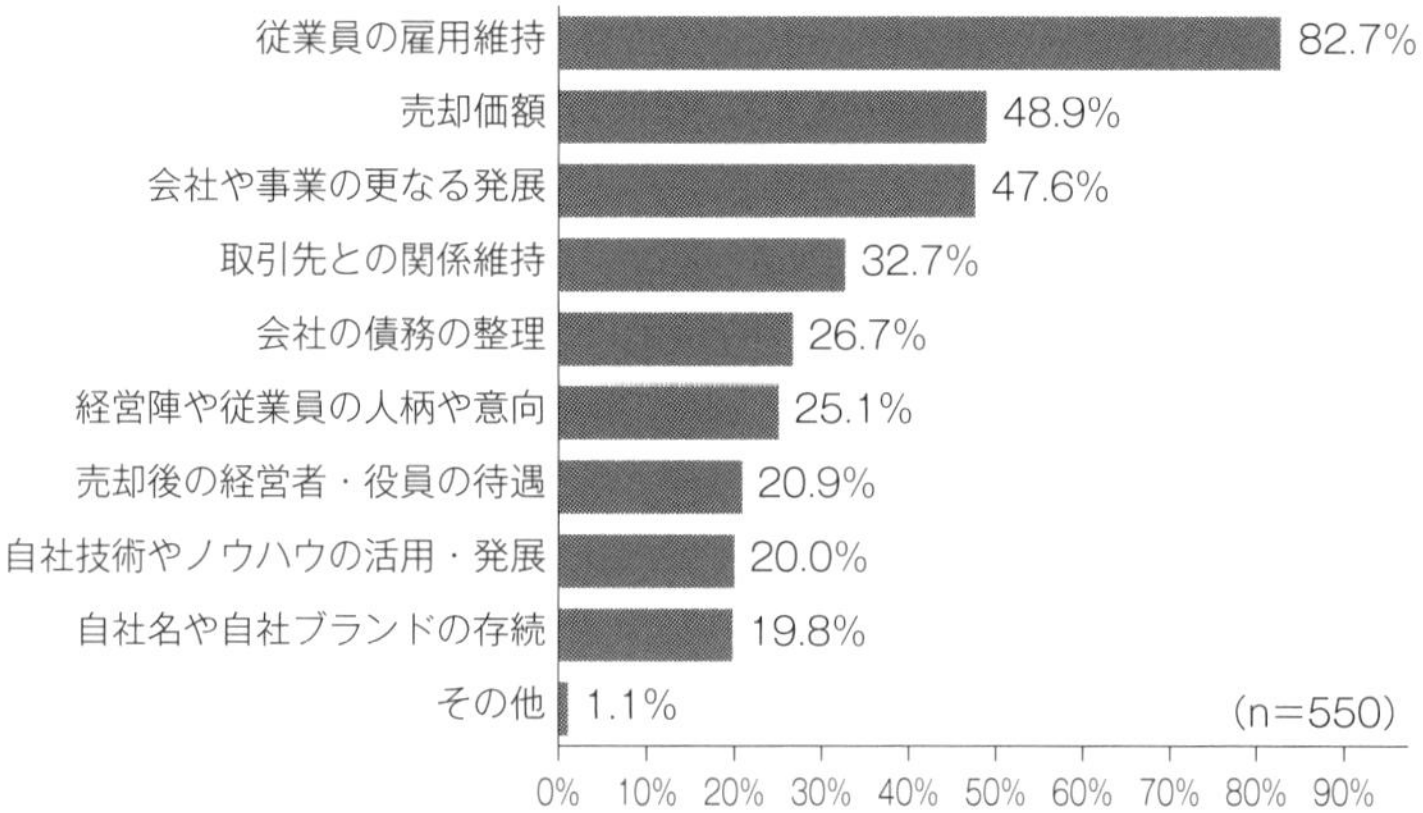

資料：（株）東京商工リサーチ「中小企業の財務・経営及び事業承継に関するアンケート」

（注）1.M&Aの実施意向について「売り手として意向あり」、「買い手・売り手とも意向あり」と回答した者に対する質問。
2.複数回答のため、合計は必ずしも100%にならない。

A後も適切な対応を行えば、図21のように雇用が維持される傾向がございます。

ただ、買い手企業との企業文化や風土が違うこともあり、軋轢が生まれることも多く、その調整役・緩衝役として、売り手企業の経営者様（今回の事例ではSさん）が買い手企業の相談役や顧問として1、2年程度残っていただく対策方法がございます。

この方法でM&Aにて分割後の事業会社を売却できれば、現在Sさんが保有する株式も売却でき、Yさんのご希望である現在の本社ビルを残して有効活用し収益を上げることも可能かと思います。

また、先日Yさんにはご提案させていただき一定程度ご理解いただいている

【図20】買い手としてM&Aを実施する際に重視する確認事項

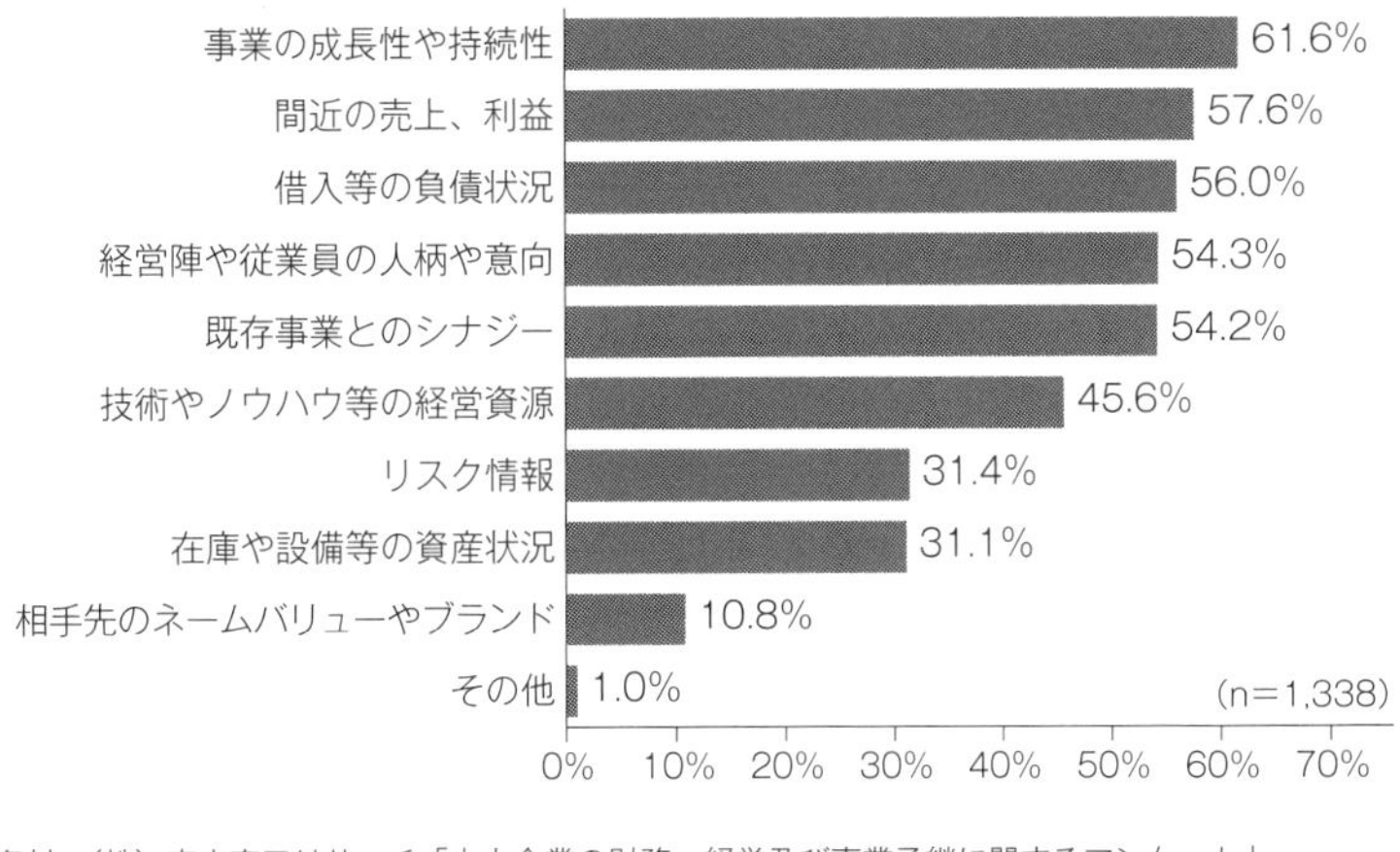

資料：（株）東京商工リサーチ「中小企業の財務・経営及び事業承継に関するアンケート」
（注）　1.M&Aの実施意向について「買い手として意向あり」、「買い手・売り手とも意向あり」と回答した者に対する質問。
2.複数回答のため、合計は必ずしも100%にならない。

内容としては、Sさんには資産管理会社の役員としても残っていただき、買い手企業の相談役などを退任するまで資産管理会社より役員報酬をお支払いしたり、退職金の支払いを行うことも可能です。

Sさん
それは良い提案ですね。私の想いやYさんの考えが取り込まれているご提案かと思います。

税理士
どこか、M&A先としての候補はありますでしょうか。Sさんのお考えをお聞きする限りでは、投資目的の会社というよりは、現在の事業内容を把握している業界内の会社が良いかと思いますが。

Sさん
業界内に、一、二、候補先があり打診してみますので、少しお時間をいただければと思います。

税理士
具体的な候補がございましたら、買い手候補の企

【図21】M&A実施後、譲渡企業の従業員の雇用継続の状況

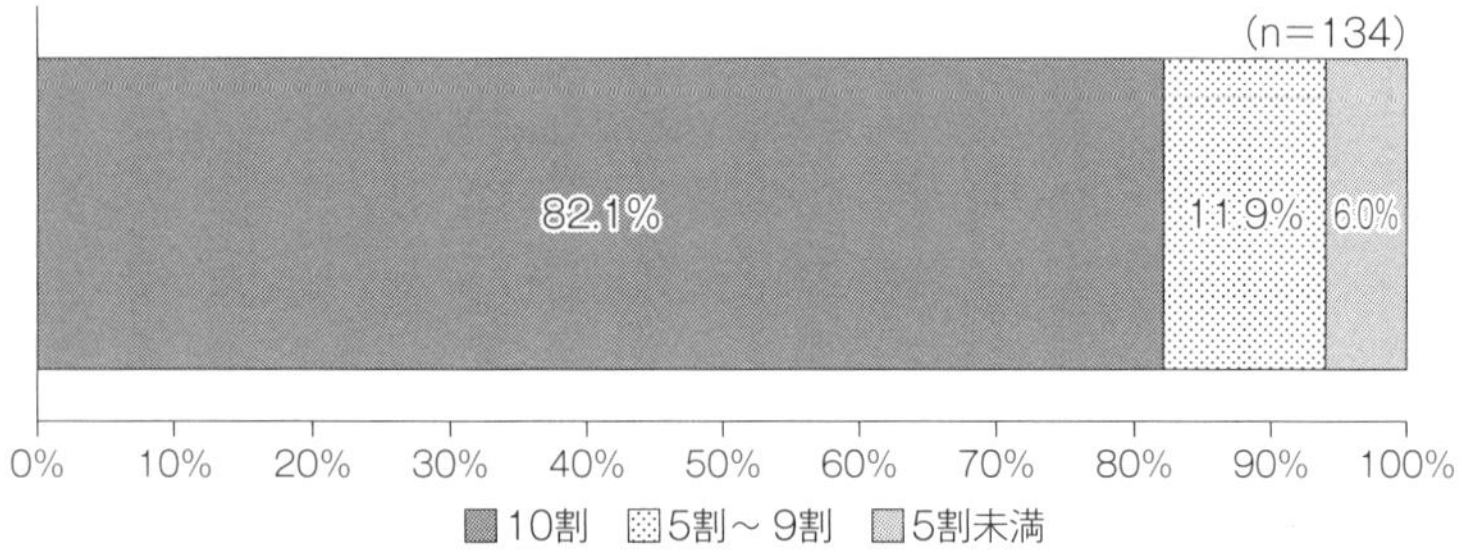

資料：（株）東京商工リサーチ「中小企業のM&Aに関するアンケート」
（注） 1.M&Aの実施について、「2015年以降にM&Aを実施したことがある」と回答した者に対する質問。
2.「ほぼ全員」と回答したものを「10割」と表記している。

業との面談の際に同席させてください。
買い手候補からの財務面のデューデリジェンス対応を行う必要がありますので。
またある程度お話が進む場合、会社分割やM&A先との譲渡契約書関係には弁護士も必要になりますので、会社分割やM&Aに精通し当方と連携がとれる弁護士を選定させていただきます。

相続コンサルタント

現在の本社ビル不動産の有効活用につきましては多面的に検討させていただき、追ってSさんにご提案させていただきます。

Sさん

分かりました。

【5ヶ月後の結果】

同業界内で現在の事業内容を理解し、従業員の雇用維持を確約していただいた会社に対し、会社分割後の事業会社を売却することになりました。またSさんには、買い手企業や従業員の要望もあり買い手企業の相談役として最長2年勤務していただくことになりました。
現在の本社ビルの不動産は、買い手企業の要望でビルの1~3階は買い手企業と新規に賃貸契約を締結し現状のまま継続利用をしていただき、残りのフロアはリフォーム対応を行い外部へ賃貸することにより、Yさん、Sさんの想いを実現することができました。

【図22】今回の事例におけるスキーム図

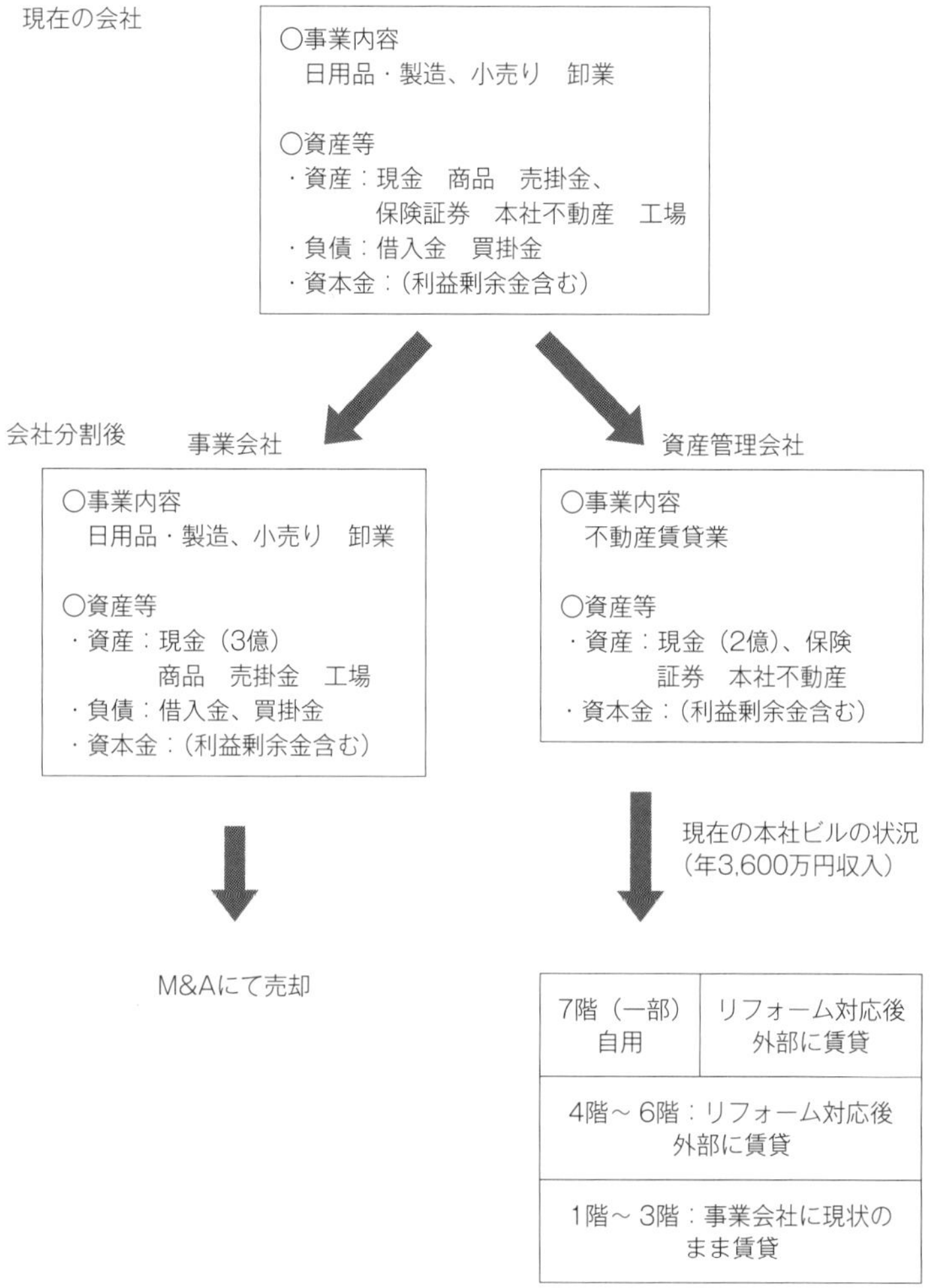
現在の会社
○事業内容
日用品・製造、小売り　卸業
○資産等
・資産：現金　商品　売掛金、
保険証券　本社不動産　工場
・負債：借入金　買掛金
・資本金：(利益剰余金含む)
会社分割後
事業会社
○事業内容
日用品・製造、小売り　卸業
○資産等
・資産：現金（3億）
商品　売掛金　工場
・負債：借入金、買掛金
・資本金：(利益剰余金含む)
M&Aにて売却
資産管理会社
○事業内容
不動産賃貸業
○資産等
・資産：現金（2億)、保険
証券　本社不動産
・資本金：(利益剰余金含む)
現在の本社ビルの状況
(年3,600万円収入)
7階（一部）
自用
リフォーム対応後
外部に賃貸
4階～6階：リフォーム対応後
外部に賃貸
1階～3階：事業会社に現状の
まま賃貸

本事例は創業者の父親からの相続後の対応事例となりましたが、本来であれば相続前から様々な場合を想定した対策が必要であったと思われます。

この事例を通じて伝えたいこと

・資産（不動産）を保有している企業であれば、事業会社と資産（不動産）管理会社を分社化できる可能性があること。
・後継者がいない企業であれば、廃業以外に事業会社のみをM＆Aなどで売却できる可能性があること。
・存続させた資産管理会社を活用して、相続対策、資産運用を行うことができる可能性があること。
・専門性が高い取り組みのため、弁護士、税理士の他専門の不動産コンサルサル会社などと連携して対応を行うこと。

【参考文献】

『円満相続をかなえる本』佐藤良久、近藤俊之、幾島光子、石川宗徳、森田努、島根猛、幻冬舎メディアコンサルティング、2017

『相続不動産のことがよくわかる本』佐藤良久、植崎紳矢、洲浜拓志、築添徹也、筒井知人、中島美樹、丸山純平、幻冬舎メディアコンサルティング、2021

『そうだったのか！ 相続のトリセツ』佐藤良久、松村茉里、竹内宏明、森田努、川端ゆかり、高田江身子、杉森真哉、黒川玲子、中村剛、山田隆之、幻冬舎メディアコンサルティング、2022

『事業承継成功のトリセツ』佐藤良久、山田隆之、渡辺昇、林薫、笹山宏、辻本恵太、細谷一樹、高橋大二、幻冬舎メディアコンサルティング、2024

『相続問題を解決する事業開発の理論と実践：経営学的アプローチによる価値共創事業の創造』小具龍史、佐藤良久、学文社、2020

執筆協力：成田春奈・藤原香織

おわりに

最後までお読みいただきありがとうございました。

読者の皆様は、本書を読んでどのような感想をお持ちになったでしょうか。

この本では、まず序章で相続をめぐる状況として、我が国では少子化傾向が進む一方で亡くなる人は増えていることから、今後も少子高齢化は進むであろうこと、相続税法改正により相続税は増税の方向となったことから課税件数が増えていること、いわゆる「争続」が増えていることなどを解説しました。

そして第一章では、今後相続ビジネスに携わるために必要な相続の支援をする上でのプロとしての基本を押さえるために、具体的な支援業務の内容や事前に把握しておくべき知識、スキル、備えておくべきマインドについて解説しました。

第二章では、相続のプロが行う相続支援の具体的なポイントとして、不動産、有価証券、預貯金、生命保険といった財産別の支援方法や各世代におけるライフプラン上の論点整理、相続後の支援のポイントについて解説しました。

第三章では、私たちが目指したい相続コンサルティングとして、我が国の歴史的背景や世代間の思想の違いの考慮を踏まえる必要があること、そして相続コンサルティングの具体的手法としてお客様の願いや目的、悩みや不安を明確化すること、お客様の現状把握と将来対策の重要性について解説しました。
第四章では相続コンサルティングの実践事例として、実際に筆者らが携わった案件をもとに、具体的な業務内容について記載しました。

お読みいただいてお分かりだと思いますが、相続コンサルティングに携わるためには、相続に関する様々な知識やスキルをあらかじめ身に付けておく必要があるのはもちろんのこと、お客様をサポートするために、徹底してお客様の財産状況や背景事情、考えていることなどを把握した上で最善の策を提案する必要があるということです。

また、相続コンサルティングは一般的にすぐに問題解決できるものではないことが多く、業務が長期化する傾向にある他、そのお客様へ相続対策を提案する会社や人が、皆様自身の他にもいるかもしれません。そうするとお客様の信頼を獲得するために、継続的な関係性をしっかり構築しなければならないのです。

さらに人間であれば誰しも最期を望むものではなく、相続対策に二の足を踏む人や、自分はまだまだ大丈夫と思っている人が多数です。でも相続は突然やってきます。相続対策を先送りした結果、対策を行えずに相続が発生してしまうというケースが多くあります。このような状況を踏まえて粘り強くお客様と接するというタフさも要求されるのが相続コンサルティングなのです。

〈著者紹介〉

佐藤良久（さとう　よしひさ）

相続コンサルタント

GSR コンサルティング株式会社　代表取締役
一般社団法人　東京都不動産相続センター　代表理事
一般社団法人　さいたま幸せ相続相談センター　代表理事
一般社団法人　ちば幸せ相続相談センター　代表理事
一般社団法人　埼玉県スマート事業承継　代表理事
一般社団法人　埼玉県スマートまちづくり　理事
一般社団法人　鎌倉生活総合研究所　理事

出身地 秋田生まれ　横浜育ち　埼玉県在住

自己紹介

大学卒業後、東急リバブル株式会社に入社。5年間、横浜の営業所にて不動産売買仲介営業に従事。その後、IDEE R-project へ転職。都内初の廃校再生プロジェクト（世田谷ものづくり学校）や、いまでは多くの方に認知されたリノベーションで一世風靡していた会社で、リーシングから賃貸管理、経営管理部門での経験を積む。続く、不動産ファンドでは、約 700 億円の私募ファンドのアセットマネジメント等に従事し、相続コンサルティング会社では、多くの相続相談対応を行い、取締役として経営にも携わる。現在は複数の会社を経営しながら一都三県を中心として全国で相続や事業承継、不動産のコンサルティング活動を行っている。共著に、『相続不動産のことがよくわかる本』（幻冬舎 2021)、『相続のトリセツ』（幻冬舎 2022）など 8 冊がある。

資格

公認不動産コンサルティングマスター　　事業承継・M&A エキスパート
相続対策専門士　　宅地建物取引士
相続診断士

連絡先 TEL 048-782-4399　Mail sato@gsr-consulting.com

久保田俊（くぼた　しゅん）

相続コンサルタント 不動産コンサルタント

GSR コンサルティング株式会社
一般社団法人 さいたま幸せ相続相談センター

出身地 東京都生まれ　埼玉県在住

自己紹介

大学卒業後、数社の飲食コンサルタントとしての活動を経て、不動産業界に転職。不動産業界では、住宅リノベーション・賃貸管理業に従事し、現在は、GSR コンサルティング株式会社にて不動産売買・一棟リノベーション・賃貸管理を幅広く担当。一般社団法人さいたま幸せ相続相談センターでは相続コンサルタントとして、ご相談者様やご相談者様のご家族にとって、感情面・経済面ともにご満足頂けることを主軸としたコンサルティング活動を行っている。これまでの経験を活かし、相続コンサルティングから派生する不動産コンサルティングでは、相続した遊休不動産を売却・賃貸経営の両面から分析を行い、最善の活用方法の提案を行っている。

資格

公認不動産コンサルティングマスター
宅地建物取引士
賃貸不動産経営管理士

連絡先 TEL 048-782-4399　Mail kubota@gsr-consulting.com

小柳裕基（こやなぎ　ひろき）

不動産コンサルタント　建築コンサルタント　中小企業診断士

株式会社クオリティーコンサル　代表取締役

出身地 東京都墨田区

自己紹介

大学卒業後、中堅マンションデベロッパーに入社。分譲マンション開発用地の仕入業務を中心に開発、販売まで一貫して行う。年間1500件以上（在籍期間中計1万件以上）の土地売却物件の評価を行った経験も含め、現在も土地の目利きを最も得意としている。2006年、不動産流動化事業を行う都内会社に転職。首都圏での不動産開発事業用のほか、宮城県富谷町、大和町にて1000区画を超える土地区画整理事業の事業再生業務を行う。その後、都内一級建築設計事務所兼、不動産コンサルティング会社の取締役として不動産全般の業務のほか、建築コンサルティング、設計受注、各種リフォーム受注、賃貸管理業務などを行う。現在は都内にて、「特定の解決方法・商品に依存しない公平中立の立場からのコンサル」を理念とした、不動産コンサルティング・建築コンサルティング会社を経営。現在も各種士業の方々と連携し多くの相続案件を手掛けている。

一方、中小企業診断士として、各種補助金、助成金などのアドバイス業務も行っている。

資格

公認不動産コンサルティングマスター
賃貸不動産経営管理士
2級建築士
宅地建物取引士
中小企業診断士
2級ファイナンシャルプランナー

連絡先 TEL 03-6240-2834　Mail h-koyanagi@quality-consul.co.jp

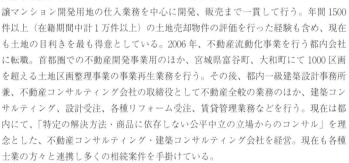

杉森真哉（すぎもり　しんや）

シニアライフカウンセラー

株式会社PSE資産プランニング　代表取締役（PSE税理士グループ）
一般社団法人 わかば幸せ相続相談センター　代表理事（終活・相続相談）
シニアライフ相談サロン　めーぷる　わかば鶴ヶ島店　代表（相談サロン運営）
一般社団法人 NIPPON終活サポートセンター　理事（身元保証人・生前財産管理）
一般社団法人 シニアライフカウンセラー協会　理事
（相談サロン普及・資格講座運営）
一般社団法人　埼玉オンライン相続センター　理事（相続相談窓口）
社会福祉法人　志木福祉会　理事（特別養護老人ホーム）
株式会社ライフプランホーム　執行役員（宅建業）

出身地 東京都生まれ　埼玉県在住

自己紹介

大学卒業後、大手測量会社に入社し、17年間固定資産税を課税する自治体の役所に対するコンサルタントとして活動。10万件の土地の評価額を計算、5万本の路線価を査定、行政側の土地評価額や路線価に対して説明責任に貢献してきた経験を持つ。

現在は、PSE税理士グループ共同代表、株式会社PSE資産プランニング代表取締役として「お客様の将来のために、笑顔で誠実に安心を提供する」という経営理念を掲げて相続業務を対応。

またシニアの困りごとをワンストップで解決する「シニアライフ相談サロン　めーぷる」という店舗を開店し、「問題をたらい回しにしない」「亡くなった後の最後までお付き合いする」をモットーに掲げて、生前の見守りサポート、身元保証人・生前財産管理業務なども対応する。

共著に、『相続のトリセツ』、『固定資産税は見直せる』など4冊がある。

資格

シニアライフカウンセラー　　宅地建物取引士
上級相続アドバイザー　　2級ファイナンシャル・プランニング技能士
身元保証相談士1級

連絡先 TEL 049-202-2766　Mail info@pse-ap.com

筒井知人（つつい　ともひと）

一級建築士

株式会社バウズ　代表取締役

出身地 愛知県生まれ　東京都在住

自己紹介

大学卒業後、藤和不動産（現三菱地所レジデンス）に入社。マンション分譲事業における用地仕入～商品企画～販売の全業務に従事。その後、不動産業界を一旦離れ、大手損害保険会社に勤務した後、不動産業界に復帰。戸建・アパート・マンション等の住宅系物件を中心に、大手・中小数社の不動産会社に勤務し、用地仕入および商品企画に携わる。

その経験とノウハウ、築き上げてきた人脈を生かし2015年に株式会社バウズを設立し独立。独立後は分野・エリアを問わず、様々な物件に携わり、身も心も、建築・不動産の世界にどっぷりと漬かっている。

また、相続不動産においてたびたび問題になる「田舎物件・リゾート物件」や「難あり物件」・「ゲテモノ物件」にも積極的に取り組んでおり、相続不動産が抱える様々な問題の解決に力を注いでいる。

不動産に精通した「建築のプロ」として、また建築に精通した「不動産のプロ」として、様々な角度から相続不動産に関わっている。

資格

一級建築士
宅地建物取引士

連絡先 TEL 03-6452-4590　Mail bauz.tsutsui@gmail.com

長野拓矢（ながの　たくや）

税理士

長野拓矢税理士事務所　代表

出身地 千葉県生まれ　浦安育ち　埼玉県在住

自己紹介

税理士として10年以上のキャリアを有する相続税の専門家。家族がもっと幸せになるために相続では何をしたらいいか、専門家として何ができるのか、そんなお客様の想いに寄り添った対応を心掛けている。

相続だけでなく事業承継にも精通しており、地域経済を担う中小企業の経営者向けに自社株式の承継コンサルを多数行ってきた実績が評価され、埼玉県事業承継・引継ぎ支援センター（公的機関）の専門家としても長年従事している。

最近では、相続・事業承継に留まらない中小企業が100年企業に向かって成長できるよう、税理士の枠に留まらない支援活動を行っている。

資格

税理士

連絡先 TEL 048-779-8512　Mail nagano-t@taxlawyer531.com

廣木涼（ひろき　すずか）

司法書士・行政書士

司法書士事務所アベリア　代表
行政書士事務所アベリア　代表
株式会社アベリア　代表取締役
一般社団法人　相続終活テラス　代表理事
一般社団法人　よろずパートナーズ　理事

出身地 宇都宮生まれ　宇都宮育ち　宇都宮在住

自己紹介

大学在学中に弁護士事務所でアルバイトをする中で、法律トラブルで苦労するご相談者の姿を目の当たりにする。「そもそも揉める前にトラブルを防いだほうが当事者たちの幸せにつながるのではないか」と思うようになり、“予防法務専門”の司法書士を志す。

2015年立教大学法学部を卒業、2017年に司法書士試験に合格、大手司法書士法人に入社。

300件以上の家族信託案件、1000件以上の相続案件に関与し、経験を積み自分ができることが増える中で「これまで学んだことを活かし、さらに自分なりにサービスを提供したい！」という想いが強くなり、独立。

現在は、渋谷区恵比寿に事務所を構え相続・家族信託の専門家として、相続で「知らずに後悔する人」を減らすために、百貨店や公的機関主催の講演会、ラジオ、新聞、雑誌などでも積極的に情報発信をしている。

資格

司法書士
行政書士
AFP（ファイナンシャルプランナー）
宅地建物取引士
終活アドバイザー

連絡先 TEL 03-6826-2121　Mail s.hiroki@abelia-group.com

山田隆之（やまだ　たかゆき）

不動産コンサルタント

MET Design Home 株式会社（不動産売買業）ICHIRATIE
一般社団法人埼玉県スマート事業承継代表理事

自己紹介

1991年大学卒業後、安信住宅販売株式会社（現みずほ不動産販売株式会社）に入社、安田信託銀行（現みずほ信託銀行）の子会社として、不動産売買仲介業務を行う。企業間での不動産取引も行い、その中で企業合併等の現場も体験。その後、建築業、土木工事業の現場管理や営業を経て、2007年 MET Design Home 株式会社を設立。設立時は建築業と不動産業を並行していたが、その後相続に関わる不動産売買の支援を士業や相続コンサルタントとアライアンスを組み行う。主なクライアントは埼玉県内の相続人であり、埼玉県内の不動産案件を多く手掛ける。2021年に一般社団法人埼玉県スマート事業承継を設立、相続に悩むクライアント向けに事業承継のアドバイスも行う目的でサービスを提供する。また同時に一般社団法人埼玉県スマートまちづくりの設立。埼玉県の街の賑わいを創出すべく官民提携での仕事も行っている。

資格

宅地建物取引士
相続コンサルタント

企業ホームページ

https://metdesignhome.com/（MET Design Home）

丸山純平（まるやま　じゅんぺい）

弁護士

丸山弁護士法人　丑和総合法律事務所　代表弁護士
一般社団法人　東京都不動産相続センター　理事
一般社団法人　不動産相続サポート　理事
一般社団法人　相続実務協会　理事
第二東京弁護士会　労務・社会保険法研究会　会員

出身地 神奈川県藤沢市。現在は東京都内在住。

自己紹介

中央大学法学部法律学科卒業後、東京急行電鉄株式会社（現：東急株式会社）に入社。都市開発部門及び法務部門に所属し、都市開発部門では開発業務（商業・住宅）、地権者様所有地開発コンサルティング業務等に従事。同社在職中に成蹊大学法科大学院（夜間社会人コース）を修了し、司法試験合格後に同社退職。その後司法修習を経て弁護士登録（第二東京弁護士会）。

専門分野は、事業承継、相続、不動産、企業側人事労務案件、コーポレートガバナンス、株主総会指導、会社法・金融関連法制対応、企業法務全般。

相続・不動産関係については、民間企業での開発業務及びコンサルティング業務の実務経験を踏まえ、実践的なアドバイスを行うことを得意とする。

また具体的な案件について、法務面の観点での検討を中心に、「お客様に安心していただくための解決」という視点から、最適な解決策を提案することを常に心掛けている。

資格

弁護士、宅地建物取引士

連絡先 TEL 03-5937-1638　Mail admin@ushiwa-law.com

監修

小具龍史（おぐ　たつし）

二松学舎大学国際政治経済学部国際経営学科　教授

自己紹介

立教大学大学院ビジネスデザイン研究科修士課程修了（MBA）。立教大学大学院経営学研究科博士課程修了、博士（経営学）。専門社会調査士。

専門は経営学分野におけるイノベーション、マーケティング、新製品開発、消費者行動論。主な著書としては、「相続問題を解決する事業開発の理論と実践：経営学的アプローチによる価値共創事業の創造」共著・学文社、「市場とイノベーションの企業論」分担執筆・中央経済社、「コトラーのB2Bブランド・マネジメント」共訳・白桃書房などがある。

約20年間の国内メガバンク系シンクタンク（現みずほリサーチ＆テクノロジーズ株式会社）、二松学舎大学国際政治経済学部准教授を経て現職。民間企業の新規事業開発、新製品・サービス開発支援、マーケティング戦略策定、ブランディング支援等の経営コンサルティング、中央省庁の調査研究事業を多数推進。経済団体（東京商工会議所・大阪商工会議所等）や民間企業での講演・研修講師・大学講師等多数、冠婚葬祭等のプライベート領域に関連する事業に精通し、複数企業の経営顧問やアドバイザリー等を務める。

相続《そうぞく》コンサルティング入門《にゅうもん》

2024年5月30日　第1刷発行

著　者　　佐藤良久　久保田俊　小柳裕基　杉森真哉　筒井知人
長野拓矢　廣木涼　山田隆之　丸山純平
監　修　　小具龍史
発行人　　久保田貴幸

発行元　　株式会社 幻冬舎メディアコンサルティング
〒151-0051　東京都渋谷区千駄ヶ谷4-9-7
電話　03-5411-6440（編集）

発売元　　株式会社 幻冬舎
〒151-0051　東京都渋谷区千駄ヶ谷4-9-7
電話　03-5411-6222（営業）

印刷・製本　中央精版印刷株式会社
装　丁　　秋庭祐貴

検印廃止

Printed in Japan
ISBN 978-4-344-69054-7 C0032
幻冬舎メディアコンサルティングＨＰ
https://www.gentosha-mc.com/